5 x 7 Ideen für Familiengottesdienste durch das Kirchenjahr

Veröffentlichungen von Willi Hoffsümmer im gleichen Verlag

Für die Gottesdienstgestaltung
Bausteine für Familiengottesdienste. Die Evangelien der Sonn- und Feiertage in Symbolen, Geschichten, Spielen und Bildern – Lesejahr A (^{3}1998); – Lesejahr B (^{3}1997); – Lesejahr C (^{2}1995); Bausteine für Familiengottesdienste. Besondere Anlässe im Kirchenjahr ... (1996); Seniorengottesdienste 1: 177 Gottesdienste für ältere Menschen und andere Altersgruppen (^{2}1991); Seniorengottesdienste 2: 166 Gottesdienste ... (1994); 111 Bausteine für Gottesdienste mit 3–7jährigen und religiöse Feiern im Kindergarten (^{5}1995); Gottes Spur in der Schöpfung. 200 Ideen für Feriengottesdienste und Freizeiten (^{2}1993); 2 x 11 Bußfeiern mit Gegenständen aus dem Alltag (^{4}1995); 3 x 7 Bußfeiern ... (^{2}1996); Umkehr. 25 Bußfeiern ... (1996); Anschaulich verkündigen. 30 Ideen zur kreativen Gottesdienstgestaltung (1998); 15 Aufnahmefeiern für Ministrantinnen und Ministranten. Mit Zeichen und Symbolen (^{2}2000); 12 Erstkommunionfeiern mit Symbolen (^{2}2001)

Zeichen- und Symbolpredigten
Anschauliche Predigten für Kinder-, Jugend- und Familiengottesdienste (^{5}1993); 144 Zeichenpredigten durch das Kirchenjahr. Mit Gegenständen aus dem Alltag (^{7}1998); 99 Kinderpredigten (^{4}1996); 133 Kinderpredigten (^{9}1996); 122 Symbolpredigten durch das Kirchenjahr (^{3}1994); 88 Symbolpredigten durch das Kirchenjahr (^{2}1995); 9 x 10 Symbolpredigten durch das Kirchenjahr (^{2}1999); Lexikon alter und neuer Symbole. Für die Praxis christlich gedeutet (1999)

Geschichtensammlungen für die Gemeindepraxis
Kurzgeschichten 1: 255 Kurzgeschichten für Gottesdienst, Schule und Gruppe (^{19}2000); Kurzgeschichten 2: 222 Kurzgeschichten ... (^{12}2001); Kurzgeschichten 3: 244 Kurzgeschichten ... (^{9}1999); Kurzgeschichten 4: 233 Kurzgeschichten ... (^{6}1998); Kurzgeschichten 5: 211 Kurzgeschichten ... (^{4}1998); Kurzgeschichten 6: 155 Kurzgeschichten ... (2000); Mehr als 1000 Kurzgeschichten. CD-Rom (^{2}2000); Geschichten als Predigten (^{3}1995); In Geschichten das Leben spiegeln. Band 1. 140 Geschichten für Gottesdienst, Schule und Gruppe (^{2}1999)

Geschichtensammlungen als Bild- oder Geschenkband
Geschichten wie kostbare Perlen (^{7}1998); Geschichten wie Spiegel des Herzens (^{4}1995); Geschichten wie Wegweiser (^{3}1997); Geschichten wie offene Türen (^{3}1998); Geschichten wie Brücken zum Leben (^{4}1998); Geschichten wie Brunnen in der Wüste (1995); Geschichten wie Schlüssel zum Glück (1998). – 365 x Rückenwind. Ermutigungen für jeden Tag (2000)

Bücher zu den Sakramenten – mit Geschichten
Geschichten zur Taufe. Topos Taschenbuch 210 (^{4}1999); Bußgeschichten. Topos Taschenbuch 99 (^{7}1997); Kommuniongeschichten. Brot fürs Leben. Topos Taschenbuch 79 (^{18}1998); Firmgeschichten. Hinführung zur Firmung für Jugendliche und Gruppenleiter. Topos Taschenbuch 126 (^{9}1998); Geschichten zum Sakrament der Ehe. Topos Taschenbuch 166 (^{6}2001); Geschichten für Kranke. Topos Taschenbuch 188 (^{4}1997); Brot in unserer Hand. Mein Erstkommunionbuch (^{3}2000)

Für Gruppen und Schule
33 Gruppenstunden für Ministranten, geeignet auch für Schule, Kinder- und Jugendarbeit (^{6}1998); 27 Modelle für Gruppenstunden und Religionsunterricht (^{2}1997); Religiöse Spiele für Gottesdienst und Gruppen. Band 1 (^{6}1994); Religiöse Spiele für Gottesdienst und Gruppen. Band 2 (^{4}1993); 77 religiöse Spielszenen für Gottesdienst, Schule und Gruppe (^{3}1994); 9 x 9 Spielszenen für Gottesdienst, Schule und Gruppe (^{2}1998)

Glaubensvermittlung
Von der Schöpfung, Gott und Jesus erzählen. 100 Ideen für 3–7jährige (^{3}1998); Glaube trägt. Kleiner Katechismus für junge und erwachsene Christen (^{10}2000)

Gesamtauflage: über 1.000.000

Willi Hoffsümmer

5 x 7 Ideen für Familiengottesdienste durch das Kirchenjahr

Matthias-Grünewald-Verlag · Mainz

Meinem Vater
Wilhelm Hoffsümmer †

 Der Matthias-Grünewald-Verlag ist Mitglied
der Verlagsgruppe engagement

Ein Titeldatensatz für diese Publikation ist bei
Der Deutschen Bibliothek erhältlich

Umschlaggestaltung: Harald Schneider-Reckels und Iris Momtahen, Wiesbaden
Satz: Jörg Eckart · DTP Studio Mainz
Druck und Bindung: Fuldaer Verlagsagentur

ISBN 3-7867-2296-X

Inhalt

Bausteine für sieben Gottesdienste mit religiösen Spielszenen

Drei Bußfeiern

Zwei Erstkommunionfeiern

(Festgottesdienst, Andacht und Dankmesse unter einem Symbol)

Eine Firmfeier

Vorwort

Manche Pfarreien praktizieren Familiengottesdienste schon seit Jahren und haben ein gutes Gefühl dabei: Er ist der Gottesdienst der Zukunft. Verzichtbar werden damit zwei verschiedene Predigten, doppelte Gottesdienstpläne und Sonderaktionen – alles große Belastungen für den/die GottesdienstleiterIn. Also: Alle Gottesdienste eines Wochenendes sind gleich gestaltet, was nicht heißen muss, dass es keine speziellen Jugend- oder Kleinkindergottesdienste geben sollte, zumal es in Jugendmessen freier und auch provozierender zugehen darf und im Familiengottesdienst kaum richtig auf Kleinkinder eingegangen werden kann.

Familiengottesdienste kommen auch den geänderten Lebensgewohnheiten entgegen: Eltern lassen sich mit ihren Kindern nicht mehr auf eine bestimmte Zeit festlegen, weil das bei der mobilen Gesellschaft immer weniger machbar ist. Und Kinder oder Jugendliche fühlen sich auch angesprochen, wenn sie einen Gottesdienst besuchen, der nicht direkt als Kindergottesdienst ausgewiesen ist.

Ein solcher Familiengottesdienst hat seine eigenen Gesetze: Die Lieder sollten je zur Hälfte aus dem Gotteslob und aus neuem Liedgut zusammengestellt sein; auch sollte die Dauer ca. 50 Minuten nicht überschreiten. Alt und Jung gehen in einem solchen Gottesdienst aufeinander zu. Der/die GottesdienstleiterIn trägt hauptsächlich Verantwortung dafür, die Blicke füreinander immer wieder zu öffnen. Gläubige Großeltern freuen sich, mit ihren Enkeln in den Sonntagsgottesdienst zu gehen; umgekehrt erfährt die Gemeinde, dass bei einem Kanonlied auch den Jüngeren, die noch nicht lesen können, das Mitsingen ermöglicht wird.

Werden aber nur die Kinder direkt angesprochen, besteht die Gefahr, dass die Erwachsenen, die ja in der Mehrzahl sind, kein „Schwarzbrot" mehr gereicht bekommen und irgendwann unzufrieden werden. (In unüberbrückbaren Fällen lasse ich die Kinder ab der Predigt zum Gottesdienstthema in den Bänken malen.) Und umgekehrt!

Der Drahtseilakt eines Familiengottesdienstes, der Jung *und* Alt ansprechen soll, gelingt über die Anschauung: Ob ein Sprechspiel, ein Symbol, eine Geschichte, ein Spiel, eine Postkarte oder Zeichnung, immer werden mehrere Sinne des Zuhörers angesprochen; es fällt leichter, hierdurch auch die Ebene der Kinder zu treffen. Ich fühle mich allerdings geohrfeigt, wenn mir jemand nach dem Gottesdienst sagt: „Das war aber schön für die Kinder!" Jedes Gebet, jedes Bild oder Symbol, jede Geschichte muss unter dem Strich eine Aussage für jeden bereithalten, sonst liegt etwas schief. Der Erwachsene mit langer Lebenserfahrung wird sich völlig anders angesprochen fühlen als das für alle neuen Eindrücke noch unvoreingenommene Kind.

Sie finden in diesem Buch für diesen „Drahtseilakt" erprobte Beispiele. Ich würde mich freuen, wenn Sie davon Gebrauch machen. Das Echo wird Ihre Versuche beflügeln.

Das wünscht Ihnen

Ihr Willi Hoffsümmer

Hilfen und Abkürzungen in diesem Buch

Aus dem Matthias-Grünewald-Verlag, Mainz:
„Kurzgeschichten 1" = Kurzgeschichten 1: 255 Kurzgeschichten für
                                          Gottesdienst, Schule und Gruppe
„Kurzgeschichten 2" = Kurzgeschichten 2: 222 Kurzgeschichten für ...
„Kurzgeschichten 3" = Kurzgeschichten 3: 244 Kurzgeschichten für ...
„Kurzgeschichten 4" = Kurzgeschichten 4: 233 Kurzgeschichten für ...
„Kurzgeschichten 5" = Kurzgeschichten 5: 211 Kurzgeschichten für ...
„Kurzgeschichten 6" = Kurzgeschichten 6: 155 Kurzgeschichten für ...

Übrigens: Die meisten der abgedruckten Kurzgeschichten in den nachfolgenden Vorschlägen sind meinen oben angegebenen Bänden 1–6 entnommen.

Es gibt noch einen weiteren von mir herausgegebenen Kurzgeschichtenband, der sich wie die oben genannten für Familiengottesdienste eignet: „In Geschichten das Leben spiegeln" (140 Geschichten mit Anregungen für Gottesdienst, Schule und Gruppe) sowie das Buch „Geschichten als Predigten" (19 längere Geschichten für Erwachsene und 11 für Kinder, die sich direkt als Predigten eignen). Beide ebenfalls im Matthias-Grünewald-Verlag.

„Troubadour" = Liederbuch „Troubadour für Gott", zu beziehen beim
                  Kolping-Bildungswerk, Diözesanverband Würzburg
                  e.V., Sedanstraße 25, D-97082 Würzburg. Angegeben
                  sind die geänderten Nummern ab der 6. erweiterten
                  Auflage und die bisherigen (= alt).

Weitere Abkürzungen
GL = Gotteslob – Katholisches Gebet- und Gesangbuch
L. = Der Gottesdienstleiter oder die Gottesdienstleiterin
Spr. = Sprecher oder Sprecherin

Sprechspiele haben den Vorteil, dass sie zum einen allen als Anschauung dienen und zum anderen Kinder und Jugendliche aktiv einbezogen werden. Schön wäre es, mit ihnen am vorgegebenen Text noch weiter zu arbeiten, oder, falls Ihnen die Zeit zur Verfügung steht, ihn ganz mit ihnen zu erarbeiten.

Das vorherige Proben an Ort und Stelle und mit dem Mikrofon ist bei unerfahrenen Kindern und Jugendlichen unerlässlich! Es sind ja besonders die Pausen, die der Heilige Geist braucht, um bei uns landen zu können. Sprechspiele, bei denen auch der eine oder andere Erwachsene beteiligt ist, bekommen in den Augen der Gemeinde ein anderes Gewicht.

1. Das Kind – auf Stroh gebettet
(Advent / Weihnachten)

Vorbereitung
Eine leere Krippe, in die jede/r SprecherIn ein Bündel Stroh legt; eventuell für jeden am Ende des Gottesdienstes etwas Stroh, das mit einem roten Faden zusammengebunden ist (= roter Faden durchs Jahr oder als Lebensprogramm: Jesus hält dich über Wasser), oder einen Strohstern.

Lesungen
Phil 2,5–9a: Er erniedrigte sich bis zum Tod am Kreuz.
Advent: Mt 1,18–25: Die Jungfrau wird einen Sohn gebären.
Weihnachten: Lk 2,1–14: … und legte es in eine Krippe.

Sprechspiel
L.: Wie häufig sind wir doch blind für Kleinigkeiten, die uns die Augen öffnen können für die Geheimnisse Gottes. Zum Beispiel übersehen wir oft das Stroh in der Krippe.

1. Spr.: *(mit einem Bündchen Stroh)* Stroh ist ziemlich wertlos, Abfall, und dient als Lagerstatt für Tiere, die es zertreten und beschmutzen. Auf Stroh lag der König der Welt in der Krippe. – Wenn wir manchmal meinen, vor der Größe Gottes mit leeren Händen dazustehen, dann dürfen wir uns daran erinnern: Gott

hat seinen Sohn als Geschenk in das Stroh der Welt gelegt. *(legt das Bündel in die Krippe)*

2. Spr.: *(mit einem Bündchen Stroh)* Ein Strohhalm ist schwach und wird vom Wind leicht weggeblasen. Aber fällt er aufs Wasser, geht er nicht unter. Ertrinkende greifen nach einem rettenden Strohhalm. – Wir dürfen uns in diesen Tagen daran erinnern, dass Jesus im Strom der Zeit für uns zum rettenden Strohhalm wurde. Wir brauchen uns nicht zu fürchten, in dunklen Tagen unterzugehen, weil Gott uns über Wasser hält. *(legt das Bündel in die Krippe)*

3. Spr.: *(mit einem Bündchen Stroh)* Stroh ist leicht, aber kaum zu brechen. Selbst, wenn es oftmals zerknickt wird, kann es wieder glatt gestrichen werden. Davon spricht Gott schon beim Propheten Jesaja: „Das geknickte Rohr wird er nicht zerbrechen" (Jes 42,3; Mt 12,20). – Wir glauben an einen Gott, der aufrichten und heilen möchte. Selbst wenn die Freiheit des Menschen noch so viel zerstört, Gott schreibt oft genug auf krummen Zeilen gerade.

(Vgl. dazu „Kurzgeschichten 3", Nr. 9: Wie der Strohhalm wird auch das Kind in der Krippe die Wut der Menschen aushalten; seine Liebe ist nicht kleinzukriegen.)

Alternativ: Stroh macht nicht satt. Doch wer Stroh hat, weiß, dass vorher eine Ernte stattgefunden hat. Stroh in der Hand sagt also: Wir sind bereits beschenkt. Das Kind in der Krippe wird uns geben, ehe wir es um etwas bitten. *(legt das Bündel in die Krippe)*

4. Spr.: *(mit einem Bündchen Stroh)* Wer einmal auf einem Strohsack geschlafen hat, weiß: Der kann ganz schön piken, doch er ist gleichzeitig weich und warm. – Stroh in der Hand kann darauf hinweisen, dass wir bei diesem Kind auf Heu und Stroh Liebe und Wärme finden. *(legt das Bündel in die Krippe)*

5. Spr.: *(mit einem Bündchen Stroh)* Der gelben Farbe wegen, die an Gold erinnert, wird Stroh auch das „Gold der armen Leute" genannt. Daran erinnert das Märchen vom Rumpelstilzchen, in dem die arme Müllerstochter aus Stroh Gold spinnen soll: Aus etwas Alltäglichem soll Wertvolles und Angesehenes entstehen. – In dem Mädchen Maria hat sich dieser Traum erfüllt. Als sie ihrer Verwandten Elisabeth begegnet, sagt sie: „Der Mächtige hat Großes an mir getan ... Er zerstreut, die im Herzen voll

Hochmut sind; er stürzt die Mächtigen vom Thron und erhöht die Niedrigen" (Lk 1,49b.51b.52). *(legt das Bündel in die Krippe)*

6. Spr.: *(mit einem Bündchen Stroh)* In manchen Krippen liegt das göttliche Kind nicht nur auf Stroh, sondern an den Halmen hängen noch die kräftigen Weizenähren. Sie erinnern an das Brot des Lebens, in dem Jesus sich uns schenkt. Das Wort „Bethlehem" heißt übersetzt: Brothausen! Das Brot, das vom Himmel kam, hilft uns in den Himmel hinauf. *(legt das Bündel in die Krippe)*

7. Spr.: *(mit einem schönen Stern aus Stroh)* Strohsterne an den Fenstern und in den Weihnachtsbäumen erinnern uns an die Botschaft des Kindes in der Krippe: Gott will Arme reich machen. Der Stern Jesus ist ein menschenfreundlicher Stern – nicht kalt und fern. Er leuchtet *allen* Menschen und kann unser Leben hell machen. Dieser Jesus möchte uns heimleuchten ins eigentliche Leben. *(den Stern über oder vor der Krippe befestigen)*

(Wird dieses Sprechspiel an Weihnachten vorgetragen, legt L. jetzt das Jesuskind auf das Stroh.)

L.: Gottes Liebe gehört den Unbedeutenden, Unbeachteten, allen, die meinen, nicht viel wert zu sein. Deshalb wurde Gottes Sohn Mensch, klein, arm, ausgeliefert, unser Bruder: um mit uns die Welt wärmer und heiler zu machen.

Zum Teil nach Peter Frowein, Meckenheim

Danach wird das Lied gesungen „Ihr Kinderlein, kommet ...", in dem es heißt: „Da liegt es, ihr Kinder, auf Heu und auf Stroh ..."

2. Ochs und Esel an der Krippe
(Weihnachten)

Vorbereitung
Ochs und Esel sind gut sichtbar platziert – noch von einem Tuch verhüllt.

Lesungen
Jes 1,2–4.16–19: Der Ochs kennt seinen Besitzer und der Esel die Krippe seines Herrn;
Joh 1,1–5.9–14 („Am Tag").

Sprechspiel

E. = Esel, O. = Ochs, L. = GottesdienstleiterIn.

Die Texte von Ochs und Esel werden von zwei Sprechern übernommen: der Esel mit höherer und der Ochse mit sehr tiefer Stimme. Es erhöht den Reiz, wenn sie nicht zu sehen sind, also aus der Sakristei über Mikro sprechen.

L.: Wenn ich so die Krippe betrachte, komme ich zu dem Schluss: Da fehlt doch etwas ... ? (Kinder: Ochs und Esel!)
Ich vermute, sie stehen dort abseits unter dem Tuch. Wer zieht das Tuch mal weg? ... Ja, Ochs und Esel!
In der Heiligen Nacht – so habe ich öfters gelesen – könnten die Tiere auch sprechen. Ob wir Glück haben? He, Ochs und Esel, hört ihr mich? *(drei Sekunden Stille)*

E.: Ja, ich höre dich.

L.: Schön! Und hört mich auch der Ochs? Ochsen sind ja in der Regel etwas schwerfälliger.

O.: Beleidige mich nicht!

L.: Entschuldige, lieber Ochse! Aber kannst du mir bitte sagen, wieso *ihr* an der Krippe steht? Ich hätte dort den König der Tiere, den Löwen, vermutet, wenn der König über alle Welt geboren wird. Oder den Pfau mit seinem wundervollen Gefieder, um den kargen Stall etwas freundlicher zu gestalten. Aber Ochs und Esel!?

O.: Weil – wir stehen schon in der Bibel!

E.: Ja, der Prophet Jesaja hat einmal gesagt: „Die Tiere, die keinen Verstand wie die Menschen haben, die kennen ihren Herrn und Besitzer und wissen, bei wem sie aus der Krippe fressen; aber die Menschen, die von Gott so reich beschenkt sind, die drehen ihrem Herrn und Gott den Rücken zu!" (Jes 1,3).

L.: Ich erinnere mich. Im Weihnachtsevangelium heißt es ja auch: „Jesus kam in sein Eigentum. Aber die Seinen nahmen ihn nicht auf" (Joh 1,11). Aber im Stall – bei Ochs und Esel – da wird er angenommen! Die angeblich unvernünftigen Tiere zeigen also mehr Antenne für den Gottessohn als die Menschen!

E.: Für Jesus durfte ich ja sehr schnell auch zur großen Hilfe werden, weil Josef mir alles auflud, was ihm lieb und teuer war.

O.: Und ich musste zurückbleiben und hörte all die Schreie der Mütter und Väter, als die Soldaten ihre Kinder töteten.

L.: Ja, es war traurig. Da kommt Gottes Sohn auf die Erde, um den Menschen Frieden zu bringen, aber König Herodes sieht in dem Kind nur einen Konkurrenten, den er töten muss. – Danke, lieber Esel, du Lasttier der armen Leute. Du selbst stellst kaum Ansprüche, hilfst den Menschen aber bei schwierigsten Aufgaben; denn du kannst auch dort noch Lasten hintragen, wo kein Pferd hingelangt.

E.: Später durfte ich auch eine besonders ehrenvolle Last tragen, als Jesus mich wählte, um in die Stadt Jerusalem einzureiten. Die Leute haben ihm wie einem König zugejubelt. Ich habe erst ein paar Tage später verstanden, was Jesus damit sagen wollte. Nachdem ich gehört habe, dass Jesus seinen Jüngern die Füße gewaschen haben soll, da wusste ich, warum er nicht auf einem stolzen Pferd geritten kam!

O.: Jetzt haben der Esel und ich etwas gemeinsam: Der Esel muss immer die Säcke zur Mühle tragen und bekommt eine Menge Prügel, sobald er bockt. Und ich muss immer wieder den Karren aus dem Schlamm ziehen. Ich war ja, bevor das Zeitalter der Traktoren begann, jahrtausendelang das Zugtier der Menschen.

L.: Wisst ihr auch, dass ihr damit Jesus sehr ähnlich geworden seid? Jesus kam in die Welt, um unsere Lasten mitzutragen, und er wollte den Karren der Menschheit aus dem Dreck ziehen. Das tat er, als er das Kreuz nach Golgota trug. – Wir brauchen auch heute Esel und Ochsen in der Kirche.

E.: Was meinst du damit?

L.: Ja, Menschen werden gesucht, die bereit und fähig sind, die Lasten Schwächerer mitzutragen.

O.: Und wo komme ich vor?

L.: Zugtiere sind willkommen, die sich das Joch der Verantwortung auflegen lassen und Aufgaben, um den Karren der Kirche und der Gesellschaft voranzubringen.

E.: Dann stehen wir an der Krippe ja genau richtig! Was meinst du, Ochse?

L.: Ihr seid keine Randfiguren an der Krippe. Ihr zeigt uns, wo es langgeht. Und wenn die unscheinbaren Tiere an der Krippe schon die Richtung anzeigen, dann brauchen wir vor den großen Tieren dieser Welt keine Angst zu haben. – Danke für das Gespräch!

E.: Ich wünsche dir große Ohren, um die zu hören, die klagen.

O.: Und ich wünsche dir breite Schultern, um allen Ansprüchen gerecht zu werden.

L.: Danke, danke. Aber das Kind in der Krippe will ja mittragen!

Zum Teil nach Gedanken von Joachim Kardinal Meisner,
Kölner Kirchenzeitung 51–52, 1999, S. 3

3. Alles auf den Kopf stellen
(Fastnacht / Fasching / Karneval)

Vorbereitung
Kinder mit den unten angegebenen Kostümen einladen.

Lesungen
Lk 6,20–23: Selig, die ihr jetzt weint, ihr werdet lachen;
Mt 5,3–12: Die Seligpreisungen.

L.: Die Zeit der Narren ist angebrochen. Die laute Freude stellt alles auf den Kopf. Ein Narr ist ganz in sich verliebt. Er träumt davon, für kurze Zeit alle Rahmen zu sprengen. Was das heißt, erzählen uns einige Kinder:

1.: *Cowboy (mit Hut und Lasso; gelangweilt, gereizt):*
Immer muss ich früh aufstehen, mich waschen, Zähne putzen, in die Schule gehen, Hausaufgaben machen, Zimmer aufräumen. Viel zu früh muss ich ins Bett, um morgens wieder brav zu sein. – *(lebendig:)* Ich möchte mal frei sein von Pflichten und Zwängen wie – wie ein Cowboy! Abenteuer erleben! Mit einem temperamentvollen Pferd durch die Prärie reiten und mit meinem Lasso Pferde einfangen! *(hier das Lasso schwingen; dann stellt sich das Kind vor den Altar)*

2.: *Prinzessin (mit Krönchen und Spiegel; gelangweilt, gereizt):*
Immer bleibt alles an mir hängen: einkaufen, auf die kleine Schwester aufpassen, Blumen gießen, Tisch abdecken, Spülmaschine ausräumen, den Vogel füttern, den Müll wegbringen.
(träumerisch:) Ich möchte einmal eine reiche Prinzessin sein, bewundert und bedient werden ...! Und nur noch das tun, was *ich* will! Die Diener müssten mich auf Händen tragen. Ach, wie schön ist es im Traumparadies! *(vor dem Altar zum Halbkreis aufstellen)*

3.: **Seeräuber** (mit Tuch und Augenklappe; weinerlich):
Mein Taschengeld reicht nie – für all die Hefte, die Kaugummis, die
CD's, die … Und immer muss ich um Erlaubnis fragen und mir klu-
ge Belehrungen anhören.
(kämpferisch:) Ich möchte mal Seeräuber sein! Alles auf den Kopf
stellen. Schätze besitzen! Beneidet, gefürchtet sein. Auf einer Kiste
voller Gold sitzen und mit Freunden toll feiern! Tun und lassen, was
ich will! (zum Halbkreis aufstellen)

4.: **Braut** (mit Schleier und Kunstblumenstrauß; müde):
Jeden Tag kämpfen: mit dem Bruder, den Jungen auf dem Schulhof,
das Gerangel beim Spielen …
(schließt die Augen) Ich träume davon, eine glückliche Braut zu sein,
mit meinem Mann um die Wette zu schweben, im Mittelpunkt zu
stehen – umgeben zu sein von denen, die mich alle mögen! (zum
Halbkreis aufstellen)

5.: **Clown** (mit roter Nase und jeckem Hütchen; nachdenklich und die
Gemeinde anschauend):
Ihr müsstet jetzt einmal eure ernsten Gesichter sehen! Wo sind eure
Lachfältchen geblieben? Warum seid ihr manchmal so traurig, wo
wir doch fast alles haben, was wir uns wünschen!?
(auffordernd:) Ich möchte gern und viel lachen! Als Clown euch froh
machen! Zuletzt die Lacher auf meiner Seite haben. Auch unter Tränen schon wieder ein Lächeln versuchen! Das Leben nicht so schwer
nehmen. (zum Halbkreis aufstellen)

6.: **ProfessorIn** (mit Hut, Buch und Brille; traurig):
Nicht auszuhalten: Immer diese Hausaufgaben! Wieder nachfragen.
Alles wieder vergessen haben! Die schlechten Noten vorzeigen müssen, obwohl ich mich angestrengt habe! Den Tadel einstecken.
(forsch:) Wäre ich doch ein Professor (eine Professorin)! Ein geschei-
tes Haus! Berühmt und gefragt! Alle würden mich anrufen, wenn sie
nicht weiterwissen. Ach, ich möchte gerne ganz anders sein! (zum
Halbkreis aufstellen)

7.: **Zauberer oder Zauberin** (mit Hut und Zauberstab):
Hokuspokus! Weg mit der Gewalt und den Kriegen! Weg mit den Ka-
tastrophen und Ungerechtigkeiten! Die Welt auf den Kopf stellen:
Endlich überall Frieden und Freude! Alle Menschen könnten sich
satt essen und hätten was zu lachen.
(geheimnisvoll:) Ich möchte ein Zauberer (eine Zauberin) sein! Mit
einem einzigen Zauberspruch alles Böse wegzaubern! Das wäre toll!
Ich wäre sehr mächtig und stolz! (zum Halbkreis stellen)

L.: Die Welt zu verändern; die Werte auf den Kopf zu stellen: Dazu kam auch Jesus in die Welt *(hier auf das Evangelium und die neue Botschaft Jesu kurz eingehen)*. Er glaubte dabei an das Gute im Menschen und wollte es stark machen.

(holt den Clown vors Mikrofon:) Jesus erfuhr wie du manchen Schlag, blieb aber nicht am Boden liegen, sondern stand wie du immer wieder auf. Er hatte ganz zuletzt die Lacher auf seiner Seite. Ein Narr und ein Christ haben manches gemeinsam: Sie lachen unter Tränen. Und obwohl so vieles zum Weinen ist, verstehen sie doch zu scherzen. Gott will mit uns die Welt auf den Kopf stellen.

Nach einer Idee von Dorothea Stritt, D-76669 Bad Schönborn

4. Unser Leben – wie beim Fußballspiel
(Fußballturnier)

Vorbereitung
Die im Sprechspiel genannten Dinge mitbringen.

Lesungen
1 Kor 9,24f: Schon Paulus vergleicht das Leben eines Christen mit dem eines Sportlers;
Mt 5,43–45: Bei Begegnungen mit fremden Mannschaften, besonders auf internationaler Ebene, kann etwas vom Geist der Bergpredigt wachsen, was die Menschen zusammenführt.

L.: Viele Dinge, die beim Fußballspielen zum Einsatz kommen, können uns an Gott erinnern und an unseren christlichen Glauben:

1. Spr.: Zunächst das „runde Leder", der **Ball**. Die geometrische Grundform dieser Kugel ist der Kreis, der schon immer als Symbol für Gott galt, weil ein Kreis ohne Anfang und Ende ist – genauso wie Gott weder Anfang noch Ende hat.

2. Spr.: Das hier ist ein *Spielerpass*. Ohne einen solchen Spielerpass darf man nicht in der Meisterschaftsrunde mitspielen. Vor jedem Spiel kontrolliert deshalb der Schiedsrichter die Spielerpässe. Nach einem Platzverweis wird der Pass eingezogen. Nicht jeder, der einen Spielerpass hat, spielt mit. Aber ohne Pass geht nichts. Deshalb erinnert uns solch ein Spielerpass an unsere Taufe, aufgrund derer wir uns Christen nennen und uns als Christen in das Spiel des Lebens einbringen können.

3. Spr.: Über solch eine *Hürde* wird im Training hinweggesprungen, um fit zu sein für das Spiel. Deshalb ist sie ein sehr nützliches Hindernis. So stellt uns auch Gott manchmal etwas in den Weg, das wir zunächst nur als Hindernis ansehen; in Wahrheit dient es aber dazu, dass wir fit bleiben im Glauben und so gestärkt werden auf unserem Weg zu Gott.

4. Spr.: Das ist die *Spielordnung des Fußballbundes*. Sie enthält alles, was man wissen muss, wenn man Fußball spielt. – Genauso haben wir als Christen ein Buch, in dem alles steht, was wichtig ist, wenn unser Leben gelingen soll, nämlich die Bibel.

5. Spr.: Das ist ein *Schienbeinschützer*. Er schützt vor schweren Verletzungen, sogar dann noch, wenn der Gegner unfair spielt und einem gegen das Schienbein tritt. – Genauso hilft uns Gottes Liebe dabei, dass wir es leichter ertragen können, wenn uns andere Böses antun und verletzen wollen.

6. Spr.: In einem solchen *Becher* wird den Spielern in der Pause eine Erfrischung gereicht, damit sie für die zweite Halbzeit neue Kräfte sammeln. – Das lässt uns an Wein und Brot beim Abendmahl denken, in dem Jesus zu uns kommt, um uns auf unserem Weg als Christen zu stärken.

7. Spr.: *Fußballschuhe* geben dem Spieler auf dem Spielfeld Halt. Deshalb gibt es Fußballschuhe für ganz unterschiedliche Platzverhältnisse, zum Beispiel Schuhe mit Stollen für tiefe Böden oder Nockenschuhe für trockene Böden. – Wie solche Schuhe auf dem Fußballfeld Halt geben, so gibt es uns Halt im Leben, wenn wir durch Gebet mit Gott in Verbindung bleiben. Und wie es verschiedene Schuhe für die jeweils anderen Platzverhältnisse gibt, so gibt es auch verschiedene Arten des Gebetes wie Dank, Bitte um Vergebung, Klage und Fürbitte, die uns mit Gott verbinden und die je nach Lebenslage alle ihre Berechtigung haben.

8. Spr.: Das hier sind die Gegenstände, die ein Schiedsrichter braucht: *Trillerpfeife, rote und gelbe Karte*. Auf dem Spielfeld muss nämlich einer das Sagen haben, eben der Schiedsrichter. Das erinnert uns daran, dass es einen gibt, der am Ende allein das Sagen hat über uns Menschen, nämlich der dreieinige Gott, der uns hoffentlich in seiner Barmherzigkeit begegnet und uns die Siegestrophäe überreichen wird.

Mathias Götz, D-75223 Niefern-Öschelbronn

5. An alle denken, die nicht danken können

(Erntedank)

Vorbereiten

Brot, Kissen, Gehhilfe, Netz, Käseglocke und Rose auf einen bereitgestellten Tisch legen.

Lesungen

Dtn 8,7–18: Meinen Reichtum habe ich nicht aus eigener Kraft erworben;

Mt 25,31–40: Was ihr für einen meiner geringsten Brüder getan habt ...

L.: Am Erntedankfest rücken wir Jahr für Jahr voller Dankbarkeit die Früchte der Erde und unserer Arbeit in den Mittelpunkt. Heute schauen wir einmal mehr auf die, die keinen Anlass zur Dankbarkeit spüren und eher traurig sind. Weil danken von denken kommt, möchten wir keinem hier die Freude an den Erntedankgaben nehmen, aber den Blick weiten.

1.: *Kind / Jugendliche/r:*
Dieses **Brot** soll uns an diejenigen erinnern, die auch in unserem Land den Abfall von Lebensmittelmärkten durchwühlen, in den Fußgängerzonen betteln oder vor unseren Haustüren stehen. Vierzig Prozent der Menschen, die Anspruch auf Sozialhilfe haben, melden sich nicht, weil sie sich mit den Behörden nicht auskennen oder sich schämen. Zehn Prozent aller Kinder unter 16 Jahren leben in unserem Land unterhalb der Armutsgrenze. Armut ist vor allem weiblich: Zwei Drittel der Sozialhilfeempfänger sind Frauen. *(legt das Brot auf den Tisch)*

2.: *Kind / Jugendliche/r:*
Dieses **Kissen** soll all die in unser Blickfeld rücken, die in unserem Land die Wärme und Geborgenheit einer Wohnung vermissen. Bis zu einer Million Menschen sind ohne Dach über dem Kopf und damit ohne Nachbarschaft, ohne Freundeskreis, ohne Verein. Sie sind nicht selten entwurzelt, weil alle zwischenmenschlichen Beziehungen zerrissen sind. So stellt sich auch schnell eine mitmenschliche Armut ein. *(legt Kissen auf den Tisch)*

3.: *Kind / Jugendliche/r:*
Diese **Gehhilfe** erinnert an behinderte und kranke Menschen, die so gar nicht in das Leitbild unserer Gesellschaft passen, die auf Plakaten den gesunden, kraftstrotzenden, glücklichen Menschen prä-

sentiert. Wie viele Behinderte werden als Menschen zweiter Klasse behandelt! Wie viele verbergen ihre Krankheiten und Leiden und driften so aus jeder Gemeinschaft und Gesellschaft heraus. *(legt Gehhilfe auf den Tisch)*

4.: *Kind / Jugendliche / r:*
Dieses **Netz** soll die Menschen in unser Blickfeld rücken, die sich einsam, isoliert und wie in einem Netz gefangen fühlen: Sie sind kontaktarm, bindungsunfähig, sprachlos oder selbstsüchtig und merken oft zu spät, wie beziehungslos sie leben. Die innere Leere betäuben sie häufig durch übermäßiges Essen, Alkohol, Fernsehen, Drogen, Medikamenten-Missbrauch. Und die Schlinge zieht sich zu. Das soziale Netz trägt nicht wirklich. Wer keine Arbeit findet, fühlt sich oft als Versager und verliert immer mehr das Vertrauen auf die eigenen Kräfte. *(legt das Netz hinzu)*

5.: *Kind / Jugendliche / r:*
Zuletzt diese **Käseglocke.** Sie erinnert an die psychisch Kranken, die sich nichts mehr zutrauen: Maulwurfshügel werden für sie zu unübersteigbaren Bergen; am liebsten würden sie den ganzen Tag die Rollläden unten lassen. Sie schirmen sich ab, lassen wie vakuumverpackt nichts mehr an sich heran und werden langsam unfähig, noch frei zu atmen. *(legt Käseglocke hinzu)*

L.: Wer sich auskennt, weiß, wie wenig Tropfen des Mitgefühls und des guten Willens gegen den Ozean der Probleme und Tatsachen ausrichten können. Aber diese **Rose**, geschmückt mit langen Bändern *(zeigen!)*, möchte ich über all diese Symbole legen, die uns an mehr freudlose Menschen ohne Dank auf den Lippen erinnern.
Die Schönheit dieser Rose möge uns mit ansteckender Freude erfüllen, die uns dazu bewegt
(L. hebt das Brot), mehr zu teilen,
(L. hebt das Kissen) den Obdachlosen mehr Herz zu zeigen,
(hebt die Gehhilfe) den Kranken mehr „Gehhilfe" anzubieten,
(hebt das Netz) mehr Isolierte im Netz der Gemeinschaft aufzufangen
(hebt die Käseglocke) und denen mehr Zuneigung entgegenzubringen, die in sich selbst verschlossen sind.
Wir fühlen uns so reich beschenkt; da bleibt genug, nach links und rechts abzugeben.

Angeregt wurde ich zu diesem Sprechspiel durch den Gottesdienst von Gisela Baltes „Mit deinen Augen sehen" in „Die Mitarbeiterin" 5/98, Seite 27–29

Fürbitten

L.: Herr, unser Gott. Wir sind trotz aller Absicherungen auf deine Hilfe angewiesen. Darum rufen wir zu dir:

1. Spr.: Wir danken dir für die Gaben der Erde. Schenke uns in einer Welt mit so viel Ungerechtigkeit ein offenes Herz, das teilt und ermutigt. – *Liedruf*

2. Spr.: Wir danken dir für unser Zuhause. Hilf uns, gastfreundlich und großzügig zu sein und etwas von der häuslichen Wärme weiterzugeben. – *Liedruf*

1. Spr.: Wir danken dir für die Gesundheit. Steh allen bei, die äußerlich und innerlich krank sind, behindert oder verzweifelt. Stärke besonders jene, die unter bedrängenden Ängsten leiden. – *Liedruf*

2. Spr.: Wir danken dir für die Gemeinschaft in Kirche und Staat und für das soziale Netz. Lass keinen von denen durch die Maschen fallen, die vereinsamt, enttäuscht oder verbittert sind. – *Liedruf*

L.: Denn du, gütiger Gott, willst, dass alle Menschen glücklich sind. Darum bitten wir durch Christus, unseren Herrn.

Viele Sprechspiele finden Sie auch in meinen Symbolpredigt- und Spielebüchern; siehe auch in diesem Buch nach Nr. 10 und nach Nr. 29.

Das gezeigte Symbol soll wie in einem Brennglas die Hauptaussage der Verkündigung einfangen. Der Gegenstand darf also nicht bloßer Aufhänger sein, der später zur Seite gelegt wird oder sogar das Gegenteil aufzeigt.
Die Verhaltensforschung hat herausgefunden, dass der Mensch nur 20 Prozent von dem behält, was er hört; zusätzlich 30 Prozent von dem, was er sieht. Eine Symbolpredigt vertieft also das Gehörte erheblich und lässt die ZuhörerInnen sich leichter erinnern. Vielleicht bedeutet es eine Form konkreter Nächstenliebe, das Wort Gottes so anschaulich zu verkündigen – wie Jesus es übrigens auch tat –, dass es auch während der Woche noch Brot für die Seele sein kann.

6. Im Kreuz ist Hoffnung. Symbol Rose von Jericho
(Karfreitag – Ostern)

Vorbereiten
Auf einer gelegten Krone aus Dornenzweigen liegt eine Rose von Jericho, auch Auferstehungsblume genannt. Sie ist in größeren Gärtnereien oder Blumenmärkten erhältlich.

Lesungen
Lk 22 und 23: Passionsgeschichte;
Lk 24,13–15: Die Emmausjünger;
Joh 4,13–15: Wasser des ewigen Lebens.

Predigt
Wir sehen auf der Dornenkrone ein braunes, vertrocknetes Farnknäuel mit sehr kleinen Wurzeln, die nicht mehr greifen und die nach Wasser dürsten.
So fühlen wir uns manchmal: Ausgedorrt, leer, ausgepowert, haltlos, ein Spielball für den Wind, dürstend nach einem Wasser, das Hoffnung und Zuwendung und Liebe gibt.
Ähnlich fühlte sich Jesus am Ölberg und am Kreuz: verraten und verkauft, seine Taten vergessen, ausgetrocknet und am Ende. Undank ist der Welten Lohn. Lass den Kelch an mir vorübergehen!
Genauso erfuhren sich die Jünger nach dem Tode Jesu: Ihre Träume sind

vom Winde verweht; sie haben allen Halt verloren und verstecken sich aus Angst vor der Zukunft.

Die Menschen haben diesem Farnknäuel, dieser scheinbar vertrockneten Blume auf den Dornen, einen wunderbaren Namen gegeben: Rose der Wüste, Rose von Jericho oder Auferstehungsblume. Sie haben sie in Pharaonengräbern gefunden, also viertausend Jahre eingesperrt, und sie lebte noch! Sie braucht in der Wüste – Hunderte von Jahren hin und her gefegt – nur auf einen Regenschauer zu treffen und – sie lebt.

Sie soll uns nun Symbol werden für die Auferstehung Jesu. Wir schenken ihr jetzt, wonach sie dürstet: Wasser!

(Die Rose wird in eine Schale mit heißem(!) Wasser gelegt; die Schale wird auf die Dornenkrone gestellt; zum Vergleich kann eine andere Rose auf dem Trockenen liegen bleiben.)

Wir dürfen angesichts der Dornen und des Kreuzes singen: „Im Kreuz ist Heil, im Kreuz ist Leben, im Kreuz ist Hoffnung!" (GL 205,1).

Die Dornen sind nicht das Ende. Der Tod hat nicht das letzte Wort. Tod, wo ist dein Sieg? Tod, wo ist dein Stachel?

Wir erleben an Ostern Jünger auf dem Weg nach Emmaus, zunächst resigniert, vornübergebeugt, ohne Hoffnung. Aber, so sagen sie später, brannte nicht das Herz in uns, als Er uns die Worte der Schrift erklärte? Sie waren bereit, ihre Wurzeln in die Worte Jesu zu halten, in das Wasser ewigen Lebens (vgl. Joh 4,14).

Das Wissen um den Karfreitag und um Ostern kann auch uns Ansporn sein, neue Kraft zu schöpfen, um Spannungen auszuhalten, Geduld zu haben – mit uns und anderen, auf eine Entwicklung zu warten, eine Veränderung – zunächst bei uns – zuzulassen, nach Wasser in der Wüste des Lebens zu suchen, wieder aufzublühen, weiter zu wachsen.

In der Rose von Jericho, der Auferstehungsblume, im Geheimnis vom Kreuz liegt Hoffnung auf neues Leben, obwohl allem Anschein nach alles zu Ende ist: Im Kreuz ist Heil, im Kreuz ist Leben, im Kreuz ist Hoffnung.

(Jetzt können Kinder nach vorne kommen, um die Veränderungen an der Rose wahrzunehmen; eventuell erhält jede Familie eine Rose von Jericho mit Informationsblatt. Darauf hinweisen, sie nach ca. einer Woche wieder aus dem Wasser zu nehmen, weil sie eine Wüstenpflanze ist, die Trockenphasen braucht!)

Nach Christine Franzen, L-Belwaux
und Ulrich Frey, D-95659 Arzberg-Röthenbach

7. Als Christ in der Nachfolge. Symbol Kruzifix
(Christsein)

Bereitlegen: Das Altarkreuz, wenn der Corpus die übliche Haltung zeigt: das Haupt geneigt, die Arme ausgebreitet, die Seite geöffnet.

Lesungen
Phil 2,5–11: Das Beispiel Christi, der sich am Kreuz erniedrigte;
Gal 6,14–16: Ich will mich allein des Kreuzes Jesu Christi rühmen;
Mt 11,25–30: Nehmt mein Joch auf euch (14. Sonntag i.J. A);
Mt 16,24–27: Nachfolge und Selbstverleugnung (22. Sonntag i.J. A);
Joh 14,1–6: Ich bin der Weg (5. Sonntag in der Osterzeit).

Predigt
(Gl. zeigt das Kreuz und geht vielleicht auf seine Besonderheiten ein, wie Alter, Wert, Form.) Jesus sagt: Ich bin der Weg (Joh 14,6). Schon sein Kreuz kann uns zeigen, wie wir als Christen einander begegnen können. Eigentlich müsste zwischen einer christlichen Gemeinschaft und einer „Fitnessgruppe" ein Unterschied zu erkennen sein.

1. Wir sehen ***das Haupt Jesu*** leicht geneigt; er sinkt sterbend zur Seite. Mutter Teresa hat ihren Schwestern immer eingeprägt, diese Verneigung des Kopfes tiefer zu deuten: „Begegnet den Menschen zunächst so, dass ihr euch vor ihnen verneigt." Das ist übrigens vielen Religionen zu eigen. Vielleicht haben Sie schon in einer Talkshow einen buddhistischen Mönch oder einen Yogameister erlebt. Wenn sie auftreten, falten sie die Hände und verneigen sich zunächst nach allen Seiten vor den Zuschauern. Den Älteren unter uns wurde beigebracht, beim Handschlag oder beim Gruß den Kopf vor dem anderen leicht zu verneigen. Heute strahlt die Jugend Selbstbewusstsein aus, wenn sie die Hand hebt und „Hey!" sagt. Aber welche Kultur liegt in der Kopfverneigung!: Ich mache mich zunächst etwas kleiner vor dir – oder umgekehrt: Ich stelle dich in deiner unverwechselbaren Persönlichkeit zunächst höher als mich selbst! Eine Haltung, die bescheidene – nicht kriecherische – Menschen leben. Jesus war sogar bereit, anderen die Füße zu waschen.

2. ***Jesus hält die Arme ausgebreitet.*** Auf diese Haltung ist er festgenagelt. Komm in meine Arme – so wie du bist. In unseren Begegnungen kann das heißen: Du bist mir herzlich willkommen, so wie du bist. Mögen die anderen auch alles Mögliche über dich erzählen. Wenn man heutzutage Begrüßungen beobachtet, kommt man zu

dem Schluss: In unserer Welt muss eigentlich alles stimmen: Da wird sich herzlich umarmt; da wird geherzt und geküsst, toll! Andererseits höre ich von Ehepaaren: „Als uns eine schlimme Krankheit traf" oder „Als das Kind einfach nicht mehr gesund werden wollte", oder „Als wir auseinander gingen", da konnten wir die Freunde zählen. Ehrliche Freunde blieben kaum übrig. Also nicht der Schulterschlag des Kumpanen an der Theke zählt, sondern ein herzliches Willkommen – so wie du bist – in guten und in bösen Tagen. Treue gehört auch dazu!

3. ***Das geöffnete Herz.*** Das kann übersetzt heißen: Lieben, bis es wehtut. Mutter Teresa erzählt von einem Jugendlichen auf der Straße, der allein deshalb bei seinen Eltern nicht mehr ankam, weil sein Äußeres sie so schockierte. Sie wiesen ihm die Tür. „Vielleicht", sagte Mutter Teresa, „ging die Mutter sogar eifrig für die Hungernden in Indien sammeln, aber ihr eigenes Kind mochte sie nicht mehr." Wie können wir die Entfernten richtig lieben, wenn wir die in der Nähe nicht zuerst lieben? Jesus liebte, bis es wehtat!

Am Fuße des Kreuzes, das in keiner Kapelle der Niederlassungen der Mutter Teresa fehlt, steht deshalb in Englisch: (Love as I loved you) „Liebt, wie ich euch geliebt habe." Jesus nachfolgen. Und es stehen noch zwei Worte darunter: (I thirst) „Mich dürstet!" Jesus, der Bruder aller Leidenden, rief sie am Kreuz.

Stellen wir uns vor: Jemand begegnet uns, flott und elegant, mit viel Fassade oder auch Selbstwertgefühl, und wir vernehmen dennoch seine unausgesprochenen Worte: „Mich dürstet! Glaub meinem Äußeren nicht; fall nicht auf meine Fassade herein, innen sieht es oft ganz anders aus. Mich dürstet!" Jesus sagt: „In diesen Dürstenden könnt ihr mir begegnen." Werden wir unserem Gegenüber dann nicht gerechter? Kann dann die Begegnung nicht ehrlicher werden?

Wie sollen wir als Christen, als Menschen, einander richtig begegnen? Das Kreuz gibt Antworten! *(Jetzt zeigt L. noch einmal stumm das Haupt Christi, seine ausgebreiteten Arme und seine offene Seite.)*

8. Zwölf Sterne auf blauem Grund. Symbol Europaflagge

(Marienfeste / Pfarrfest)

Vorbereitungen

Die Europaflagge gibt es als Tischfahne in 15 x 25 cm mit Tischständer, zusammen für ca. 7,5 Euro + Mehrwertsteuer. Als Flagge in vielen Größen erhältlich.

Wir hängten eine Hissflagge von 100 x 150 cm (ca. 37 Euro + MwSt.) auf die Vorderseite des Altares. Diese Stelle mag zuerst befremden, wer aber die ursprüngliche Idee dieser Flagge kennt, kann dies akzeptieren. Postalisch sind diese Fahnen erhältlich zum Beispiel über: Fahnenrichter, Postfach 27 05 30, D-50511 Köln, Tel. 0221/92 57 24 -0, Fax /92 57 24 -4.

Lesungen

Offb 12,1–5a: Eine Frau mit zwölf Sternen auf ihrem Haupt;
Mk 3,13–19: Einer Zwölf begegnen wir oft in der Bibel.

Predigt

Noch die Zahl Zwölf im Ohr fragen wir uns: Was bedeuten die zwölf goldenen Sterne auf blauem Grund auf der Europafahne? Die meisten Befragten äußern dann etwas – wenn überhaupt – von zwölf Staaten der Europäischen Union. Aber es gab von Anfang an mehr Mitgliedsstaaten. Wer das Frage-Telefon einer Tageszeitung anruft, erfährt ungefähr Folgendes: Das Blau meint den Himmel, auf dem die Völker Europas in der symbolischen Zahl der Vollkommenheit, der Zwölf, dargestellt sind. Der Kreis der Sterne symbolisiert das Zeichen der Einheit untereinander. So weit, so gut. Ich wusste es auch nicht genauer, bis ich jetzt auf die tatsächlichen Ursprünge kam (nach „Die Welt" vom 26. 8. 98):
Am 5. Mai 1949 wurde in London der Europarat gegründet und Paul Lévi wurde Leiter der Kulturabteilung. Dieser Lévi, ein Belgier jüdischer Abstammung, hatte im Zweiten Weltkrieg angesichts der Judenverfolgung das Gelübde abgelegt: Wenn er den Krieg und die Nazis lebend überstehen würde, wolle er zum katholischen Glauben übertreten. Er überlebte, wurde katholisch und bekam dadurch auch zu Maria, der Mutter Jesu, ein intensiveres Verhältnis.
1955 diskutierten nun die Vertreter des Europarats über eine gemeinsame Flagge. Aber sämtliche Entwürfe, die mit einem Kreuz die christlichen Wurzeln Europas anzeigten, wurden von den Sozialisten und Kommunisten als zu ideologisch und zu christlich verworfen. Eines Tages kam Lévi bei einem Spaziergang an einer Statue der Muttergottes vorbei. Durch die Sonne beschienen, leuchteten die zwölf Sterne wunderschön gegen den strahlend blauen Himmel. Da schoss ihm eine Idee

durch den Kopf! Er ging sofort zu Graf Benvenuti, dem venezianischen Christdemokraten und damaligen Sekretär des Europarates, und schlug ihm vor, zwölf goldene Sterne auf blauem Grund als Motiv für die Europafahne anzuregen. Der Graf war begeistert. Wenig später wurde der Vorschlag allgemein akzeptiert.

Hätten Sie gedacht, dass der goldene Sternenkranz Mariens die Europafahne für alle Staaten der Europäischen Union ziert? Hoffentlich ein gutes Omen gegen den schwindenden christlichen Glauben in Europa. Darum sagen Sie die Deutung weiter:

Das **Blau** ist nicht nur die Farbe Mariens, sondern der Gegenwart Gottes – wie zum Beispiel die Maler Marc Chagall und Sieger Köder es immer wieder eindrucksvoll in ihren Bildern einbrachten. Sie ist auch die Farbe des Glaubens, des Vertrauens und der Treue als Antwort gläubiger Menschen.

Das **Gold** der Sterne, einem König und der Sonne angemessen, steht als Sinnbild für die Ewigkeit und als Symbol der höchsten Tugend, der Liebe, in ihrer äußersten Entfaltung. Mittelalterliche Buchmalereien haben häufig einen goldenen Grund; damit möchte der Maler etwas vom himmlischen Licht einfließen lassen, von der Unendlichkeit Gottes und der Verklärung im neuen Jerusalem, das aus lauterem Gold besteht (Offb 21,18).

Die **Zwölf** wird bei allen Völkern als eine Glück bringende Zahl geschätzt, nicht zuletzt deshalb zwölf Monate des Jahres und die je zwölf Stunden des Tages und der Nacht. Oder: Die Römer gründeten ihre Rechtsordnung auf ein Gesetz, das auf insgesamt zwölf Tafeln niedergeschrieben war. Im jüdisch-christlichen Bereich weist die Zwölf als Zahl der Vollkommenheit und Vollständigkeit auf die zwölf Söhne des Jakob, darum die zwölf Stämme Israels, die zwölf Apostel und schließlich das himmlische Jerusalem als unsere Zukunft mit zwölf Grundsteinen und zwölf Toren. Darum trägt die Frau aus der Offenbarung des Johannes – in der Regel auf die Mutter Kirche oder das Volk Gottes gedeutet – eine Krone mit zwölf Sternen. – Die Bedeutung der Zwölf ist auch daran zu erkennen, dass sie das Produkt von drei und vier ist. Die Drei steht im christlichen Bereich immer für die Dreifaltigkeit Gottes in Vater, Sohn und Heiligem Geist. Die Vier symbolisiert die Himmelsrichtungen. Wie toll sich das auf Europa beziehen könnte, wenn wir die Sprache der Europaflagge verstehen: In alle Himmelsrichtungen das Vertrauen auf den dreifaltigen Gott tragen!

Die Europaflagge könnte auch die Fahne aller Weltreligionen sein: Denn alle glauben an die Gegenwart Gottes in dieser Welt, der wir auch in der Schöpfung, also in Pflanzen, Tieren und Menschen begegnen. Alle Religionen glauben irgendwie an eine „goldene" Zukunft. Und alle sollten dafür eintreten, dass die Religionen niemals mehr Ursache für Kriege sind, sondern dass sie dem Wohl und Frieden der Menschen dienen.

Wir feiern heute das Pfarrfest (Kirmes/Kirchweihfest). Könnte die Europafahne nicht die Flagge für unseren Ort/Stadtteil sein?: Alle Bruderschaften, Vereine ... stehen in Harmonie zueinander! Wie schön wäre es, wenn wir im Kleinen den Frieden miteinander verwirklichten, den der Kreis der zwölf Sterne andeutet. Dann wirkt sich das auch auf Europa aus; denn er setzt sich zusammen aus tausenden von Orten, in denen die Menschen friedlich oder nicht friedlich miteinander leben. Möge – auf die Fürsprache Mariens – bei uns und in Europa das friedliche Miteinander gelingen!

Nach Thomas Pinzka in „Impulse", Nr. 50, 2/99,
und Kölner Kirchenzeitung Nr. 32/99, S. 11

9. Unterwegs. Symbol Wegweiser
(Ferien)

Vorbereitung
Ein Wegweiser steht vor dem Altar.

Lesungen
Lk 10,25–28: Hauptgebot (ähnlich Mt 22,34–40; Mk 12,28–31);
Joh 6,60–69: Herr, du hast Worte ewigen Lebens;
Joh 14,1–6a: Ich bin der Weg, die Wahrheit und das Leben.

Predigt
1. Wie froh ist ein Wanderer in den Bergen, vor allem wenn er in Nebel oder Schnee gerät, wenn plötzlich ein Wegweiser vor ihm auftaucht! Ein Irrweg kann ganz schön die Tagespläne durchkreuzen, denn das heißt unter Umständen, ein paar Kilometer mehr laufen zu müssen. Ähnliches kann uns auf der Autobahn widerfahren: Ein Schild wird übersehen und der Umweg schlägt sich beträchtlich auf dem Kilometerzähler nieder.
    So ein Wegweiser muss nicht schön oder großartig sein; es kommt auch nicht auf seine künstlerische Gestaltung an, nein: er muss nur fest genug im Boden verankert sein. Was nützt mir ein schiefer Wegweiser, der womöglich mit dem einen Arm auf den Boden weist und mit dem anderen in den Himmel?

Der Wegweiser muss noch mehr gute Eigenschaften besitzen: Er muss bei Wind und Wetter in dieselbe Richtung zeigen; seine Aufschrift muss gut leserlich sein und stimmen! Schließlich darf er nur am Rand stehen; stünde er mitten auf der Fahrbahn oder auf dem Weg, führte das zu Slalom und Stau, zwänge er uns zum Hindernisrennen!

2. Sie ahnen vielleicht schon, dass ich auf lebende Wegweiser hinaus will. Ja selbst ihr Kinder könnt als ältere Geschwister wegweisend für eure jüngeren Geschwister sein. Zum Beispiel wenn ihr sonntags morgens früher aufsteht, um liebevoll den Frühstückstisch zu decken. Oder umgekehrt: Auch ein Kind kann seinen jüngeren Geschwistern den falschen Weg weisen, wenn es zum Beispiel der Mutter einen halben Euro aus der Geldbörse stiehlt. Selbst wenn du noch sehr jung bist, kannst du wegweisend sein: Es gibt noch Jüngere, die du an die Hand nehmen kannst und die sich dann an dir orientieren.

Natürlich zielen meine Worte jetzt mehr auf die großen Wegweiser: Eltern, Erzieherinnen und Erzieher, Lehrerinnen und Lehrer, Künstler, Medien, Priester und pastorale MitarbeiterInnen. Auch sie müssen mit dem übereinstimmen, was sie anzeigen, also überzeugen – und alle, die ihnen anvertraut sind, auf den richtigen Weg bringen. Manchmal zeigt eine resignierte Lehrerin oder ein mutloser Pfarrer nur noch den Weg an, geht ihn aber selbst nicht mehr. Da, meine ich, darf unser Urteil nicht zu hart ausfallen: Er oder sie weist ja immer noch in die richtige Richtung!

Manchmal möchten Eltern, dass ihre Kinder sie immer umarmen und nicht mehr loslassen. Aber wie sollen die Kinder ihr Ziel finden, wenn der Wegweiser sie unentwegt festhält?

Ähnliches gilt auch für den religiösen Bereich: Johannes der Täufer wirkt zum Beispiel auf manchen Darstellungen wie ein Wegweiser mit einem lang ausgestreckten Arm und Zeigefinger. Er sagte denen, die ihm nachfolgten: Jetzt ist Jesus geboren, *dem* müsst ihr folgen; der ist so bedeutend, dass ich nicht würdig bin, ihm die Schuhriemen zu lösen! Haltet euch nicht mehr an mir fest! – Auch große Marienverehrerinnen und -verehrer dürfen nicht Maria umarmen und bei ihr stehen bleiben. Ihre Hand zeigt auf Jesus und sagt: Geht zu Jesus! Was er euch sagt, das tut!

Gerne würde ich Geld spendieren für folgende Aktion. Da müsste ein Wegweiser mit *einem* Arm an manchen Wegkreuzungen stehen. Auf der einen Seite des Armes ständen die Worte: „Vertraue auf Gott" und auf der anderen, die in dieselbe Richtung zeigte: „Liebe deinen Nächsten wie dich selbst!" – wie wir es eben im Evangelium gehört haben (= Hauptgebot). Wer nicht nur staunend oder belustigt an einem solchen Wegweiser stehen bleibt oder ihn – dankbar für den Hinweis – nur umarmt, wer vielmehr die angezeigte Richtung einschlägt: Der kommt an!

Zum Teil nach Reinhold Stecher, Jürgen Benisch, Paul M. Zulehner

10. Knoten lösen. Symbol Seil
(Weltmission / Versöhnung)

Hinweis: Diese Predigt wurde ursprünglich am Weltmissionssonntag gehalten, der bekanntlich im Oktober (= Rosenkranzmonat) liegt. Sie können dieses Gleichnis auch zu allen Anlässen einsetzen, die mit Streit/Frieden zu tun haben.

Mitbringen
Ein ca. 2 m langes Seil – etwa in der Stärke eines Sprungseils.

Evangelium
Lk 18,9–14: Pharisäer – Zöllner (30. Sonntag i.J., Lesejahr C), aber auch andere, die ähnlich herausfordern.

Predigt
Zeigen diejenigen bitte einmal auf, die sich im Leben noch nie gestritten haben! (Hätte sich jetzt jemand gemeldet, wäre mir wahrscheinlich ein „Schade!" herausgerutscht. Dabei sollte ich vielleicht in den Begriffen den Unterschied aufzeigen: Auseinandersetzungen: ja – sie bringen weiter; Streit: nein – er zerstört.)

Sie sind also mit einem Knoten in diesem Seil einverstanden *(Gl. zeigt das Seil und macht einen losen Knoten hinein, wobei die Schlaufe weit offen bleibt.)* Spätestens bei Erbschaften kann der Streit auch zwischen friedlichen Geschwistern ausbrechen.

Mit einem weiteren Knoten möchte ich am Weltmissionssonntag die Situation vieler Christen in der Welt symbolisieren: Afrika blutet auch glaubensmäßig aus; im Sudan fangen die Christen Ratten ein, um damit ihren Hunger zu stillen. In Indien fallen Fundamentalisten über Klöster her und vergewaltigen Nonnen, um auf diese Weise die christlichen Ordensleute aus dem Land zu vertreiben. Es gab nie so viele Märtyrer wie in unserer Zeit; viele Christen leben in ständiger Angst vor Terror, der auch nachts plötzlich an ihre Türen klopft, um einen Unschuldigen herauszuholen. *(Knoten schlingen, dessen Schlaufe wieder weit offen bleibt – ebenfalls beim dritten.)*

Ein dritter Knoten steht für das, was wir eben im Evangelium gehört haben und uns auch im Alltagsleben bedrücken kann: Der Pharisäer kommt sich besser vor als der Zöllner. Wie viel Unfriede und Tod haben schon eine solche Überheblichkeit, aber auch Neid und Missgunst in die Welt gebracht? Es beginnt damit, dass sich Kirchgänger besser dünken als scheinbar laue Mitchristen; aber auch manche derjenigen, die nie in eine Kirche gehen, meinen: Alle Kirchgänger taugen nichts. In Südafrika und Nordamerika führte die Apartheid dazu, dass Schwarze nicht in eine Kirche für Weiße gehen durften – es sei denn zum Putzen. Und was hat sich in unserem Land abgespielt? Jüdischen Mitbürgern war es untersagt, sich auf eine Parkbank zu setzen, auf der „Nur für Arier" stand *(Gl. macht den dritten Knoten und hebt dann das Seil):*
Schauen Sie genau hin: Das Seil ist durch die Knoten kürzer geworden! Immer, wenn Streit und Unfriede ausbrechen, verkürzt das unsere Lebenschancen, weil die Nerven blank liegen, aber auch die Chancen eines Volkes, das Ruinen – auch geistige – beseitigen muss.
Wie können die aufgezählten Auseinandersetzungen denn beendet, die Knoten gelöst werden? Nicht, solange jeder auf *seiner* „Wahrheit" besteht. Sehen Sie: Wird von jeder Seite gezogen, verfestigen sich die Knoten. *(L. zieht an beiden Seiten, so dass die weiten Schlaufen der Knoten sich verengen. – Da das Seil jetzt wieder länger wird, kann die Bemerkung angebracht sein: Nun ist das Seil wieder länger, was heißen kann, dass auch Streit in uns Kräfte wachsen lässt, die uns weiterhelfen; aber Sie sehen an den Knoten, dass die Lebensqualität insgesamt doch verkleinert ist.)*
Wenn nur einer nachgibt *(L. zieht nach links, dann auch mal nach rechts),* löst sich der Knoten auch nicht. Das Problem unter den Teppich zu kehren („Friede, Freude, Eierkuchen") hat noch nie einen dauerhaften Frieden ermöglicht.
Es gibt nur eine Möglichkeit! Ein Prozess, wie er in Südafrika oder auch in Ruanda durchlebt wird: Die Parteien setzen sich zusammen, arbeiten die Konflikte auf, schreien auch ihre Wut und ihre Schmerzen heraus und dann – es geht nicht von heute auf morgen – ist irgendwann die Zeit reif, den anderen um Verzeihung zu bitten und sich die Hände zu reichen. In die „Knotensprache" übersetzt: miteinander in Geduld den Knoten lösen.
An dieser Stelle können wir uns als Christen erweisen. Genügen denn nur gute Absichten und Gespräche? Warum begleiten wir dieses Bemühen nicht mit unserem Gebet? Manchmal haben die Parteien die Vorhänge so vor der Seele zugezogen, dass sie mit Aktionen nicht zu öffnen sind! Darum – wir stehen ja im Rosenkranzmonat – beten wir jetzt drei Ave Maria, bei denen ich jeweils symbolisch einen Knoten löse.

Nicht *nur* beten, aber auch nicht *nur* Aktivismus! Bete *und* bemühe dich! Das erste Ave Maria beten wir gegen die Verhärtung der Fronten auf allen Ebenen (mit dem Zusatz: „Jesus, schenk der Welt den Frieden!").

Im zweiten erbitten wir für die verfolgten Christen das Ende ihrer Leidenszeit und der Knebelung der religiösen Freiheit (mit dem Zusatz: „Jesus, der für uns gekreuzigt wurde").

Und mit dem dritten Ave Maria beten wir gegen alle Überheblichkeit und Vorurteile, die bis zum Völkermord reichten und reichen (mit dem Zusatz: „Jesus, der uns den Heiligen Geist gesandt hat").

(L. legt das entknotete Seil über den Ambo oder an den Altar.)

Verändert und erweitert nach dem Missio-Material
zum Weltmissionssonntag 1998

Weitere Symbolpredigten finden Sie in meinen Büchern „133 Kinderpredigten", „144 Zeichenpredigten", „99 Kinderpredigten", „122 Symbolpredigten", „88 Symbolpredigten", „9 x 10 Symbolpredigten durch das Kirchenjahr", „Anschauliche Predigten", ab Seite 58, sowie „Anschaulich verkündigen", Seite 30–39. Alle: Matthias-Grünewald-Verlag, Mainz.

Ähnlich wie ein Symbol kann sich auch eine Zeichnung oder Postkarte tief ins Gedächtnis einprägen. Der/die Zuhörende kann zudem etwas „Handfestes" aus dem Gottesdienst mit in den Alltag nehmen: Mit einer Postkarte fällt das Erinnern leichter, wenn mein Blick sie trifft. Ja, eine Karte kann ich einem anderen zuschicken oder schenken, damit die Aussage der guten Nachricht Gottes weitere Kreise zieht.

11. Eine neue Chance geben. Umkehr
(3. Fastensonntag, Lesejahr C; Familiensonntag; 7. Sonntag i. J. C)

Vorbereitungen

1. Möglichst für jeden die Spruchkarte Nr. 338/84 aus Missionsdruckerei & Verlag Mariannhill, Hauptstr. 1a, 86756 Reimlingen, Tel. 09081/ 29092 -205, Fax -/29092 -214, Einzelpreis ca. 0,20 Euro. Sie trägt neben der Grafik eines Baumes das Zitat von Bert Brecht: „Der Obstbaum, der kein Obst bringt, wird unfruchtbar gescholten. Wer untersucht den Boden?"
    Oder ein ähnliches gemaltes Motiv groß in den Altarraum stellen.
2. Es eignet sich die Folie F 34/ 4 der Missio-Leuchtbox, die von einem Baum besonders die Wurzeln zeigt.

Der Obstbaum, der kein Obst bringt, wird unfruchtbar gescholten.

Wer untersucht den Boden?

Bert Brecht

Lesungen

Jer 17,7.8: Ein Lebensbaum kann Früchte bringen, wenn er am Wasser des Vertrauens auf Gott und die Menschen gepflanzt ist;
Kol 3,12–21: Die Liebe ist das Band, das alles zusammenhält und dem Lebensbaum gesunde Wurzeln schenkt;
Lk 13,6–9: Immer wieder mit dem Spaten der Geduld den Boden um das uns anvertraute Bäumchen aufgraben;
Lk 6,36–38: Richtet nicht.

Hinführung

Ein Kinderarzt, der Kinder auf ihre Schulfähigkeit untersuchte, begrüßte jedes Kind im Behandlungszimmer mit dem freundlichen Satz: „Du bist aber ein liebes Kind!" Jedes Kind lächelte und nickte dazu. Ein kleiner Junge schüttelte traurig und ernst den Kopf: „Nein, ich bin kein lieber Junge!" „Aber das sehe ich doch, dass du lieb bist!" „Nein", sagte das Kerlchen, „ich bin nicht lieb. Ich bin der böse Friedrich!"
Wie oft hatte er das wohl gehört – bis er es selber glaubte! Er konnte noch nicht lesen und schreiben. Aber er konnte sich schon nicht mehr leiden.

Hans-Albert Höntges

„Wer untersucht den Boden?", heißt es auf der Karte, die wir am Eingang erhalten haben. Wer will richten über straffällig gewordene Kinder und Jugendliche? Wie oft zeigen Untersuchungen, dass diesen jungen Menschen in den ersten entscheidenden Lebensjahren zu wenig Zuwendung zuteil wurde oder sie eine zu enge oder zu weite Gewissensbildung erfahren haben.

Predigt

Wir nehmen die Karte zur Hand. Von Bert Brecht gibt es noch einen ähnlichen Spruch: „Der Ast, der zusammenbricht, wird faul gescholten, aber hat nicht Schnee auf ihm gelegen?"
Beide Zitate beleuchten die eine Tatsache: Wir können Menschen nicht nach dem beurteilen, was aus ihnen geworden ist, sondern müssen ihre Herkunft und ihre Vergangenheit berücksichtigen. Natürlich kann ich nicht für alles, was schief gelaufen ist, andere verantwortlich machen, denn jeder hat auch einen Willen; aber wenn ich ein Bäumchen nicht fördere, brauche ich mich später über seine Unfruchtbarkeit nicht zu wundern. – Ich gebe zu bedenken:
– 60% der Sozialhilfeempfänger sind nicht aus eigener Schuld in diese Lage gekommen.
– Zucken wir nur mit den Achseln, wenn Ehepartner ihren Erziehungsaufgaben nicht richtig nachkommen können, weil sie an das Leben zu

große Ansprüche stellen und sich dafür krumm legen oder wenn sie ihrem breiten Ich zu viele Zugeständnisse machen?

– Wie soll die häusliche Atmosphäre positiv sein, wenn Arbeitslosigkeit alle Lebensfreude nimmt?

Die Reihe wäre fortsetzbar. Ich darf anhand von kurzen Begebenheiten aufzeigen, was unseren Blick schärfen kann:

1. Wir verhärten die Böden um die jungen Bäumchen durch **uneingelöste Versprechungen**. Die Kinder sind schnell aus dem Alter heraus, in dem sie in Ihre Arme genommen werden möchten. Ein Beispiel:

Spr.: „Kannst du den Kindern noch gute Nacht sagen?", rief die Frau ihrem Mann zu, als sie um acht Uhr aus dem Kinderzimmer kam. „Ja", rief er aus seinem Arbeitszimmer, „ich muss nur noch den Brief zu Ende schreiben."

„Er kommt gleich", sagte die Mutter zu den Kindern, die beide noch aufgerichtet in ihren Betten saßen, weil sie dem Vater zeigen wollten, wie sie die Stofftiere angeordnet hatten. Als der Vater mit dem Brief fertig war und ins Kinderzimmer trat, schliefen die Kinder schon.

Franz Hohler

2. Die kleinen und großen **Vertrauensbrüche** liegen wie Schnee auf den Ästen der jungen Bäume. Ein positives Beispiel aus dem dritten Jahrhundert vor Christus – zum Schmunzeln:

Spr.: Der Weisheitslehrer Dseng grübelte über etwas Wichtiges nach. Da hörte er auf dem Hofe vor seinem Fenster seinen kleinen Sohn laut schreien: „Ich will mit, Mutti, nimm mich mit zum Markt!"

„Sei lieb, Kind, bleibe hier! Wenn du artig bist, gibt es auch heute zum Mittagessen frische Blutwurst, die du so gern isst. Wir schlachten dann unser Schwein! Also sei still und bleibe hier, gelt?"

Als die Frau vom Markte heimkehrte, blieb sie erschrocken an der Hoftür stehen. Mann und Söhnchen standen vor dem geschlachteten Schwein.

„Aber, Dseng, ich hatte doch nur im Spaß geredet!"

„Unmöglich, Frau!", erwiderte der Weise und nahm sie zur Seite, damit der Junge nicht zuhören konnte. „Wenn ein Kind nicht einmal seiner Mutter glauben kann, wem soll es dann je in seinem Leben vertrauen? Also muss es heute zum Mittagessen seine frische Blutwurst haben. Hilf mir, dass wir pünktlich fertig werden!"

3. Wir versündigen uns am gesunden Wachstum der jungen Bäume auch dadurch, weil wir oft *kein Vorbild* sind. – Ein berühmtes Beispiel aus Amerika:

Spr.: Der spätere Präsident der Vereinigen Staaten von Amerika, Franklin Roosevelt, wollte als Jugendlicher einmal das Varieté besuchen. Doch sein Vater verbot es ihm ausdrücklich mit der Bemerkung: „Du bekommst dort Sachen zu sehen, die du nicht sehen solltest."

Franklin hielt sich nicht an das Verbot und besuchte trotzdem das Varieté. Als er nach Hause zurückkehrte, sagte er zu seiner Mutter: „Ich habe tatsächlich Dinge gesehen, die ich nicht hätte sehen sollen: Vater saß im Parkett in der dritten Reihe."

Zitiert nach Ernst Sieber

Die uneingelösten Versprechungen, die Vertrauensbrüche und das mangelnde Vorbild verderben den Boden.

Zum Schluss noch ein Gedanke: Jesus hat uns das Gleichnis von den Talenten ans Herz gelegt: Wer fünf Talente bekommen hat, von dem werden zehn erwartet. Es gibt also ein gewisses Leistungsprinzip, auch in der Bibel. Das heißt: Wer nur 0,1 Talent bekommen hat, darf sich Gott beruhigt mit 0,2 Talenten nähern und ist gerechtfertigt.

Wenn die meisten von uns offensichtlich bessere Böden für ihr Wachstum vorgefunden haben, so dürfen wir deshalb nicht überheblich sein, denn den guten Boden verdanken wir nicht uns selbst. Er ist Geschenk! Auch deshalb: Geben wir allen, die uns begegnen, eine neue Chance!

Fürbitten

L.: Wir wollen die Fürbitten *still* mit unserem Gebet begleiten. Gott, Vater und Mutter auch all derer, die von einem großherzigen Vater und einer liebevollen Mutter nur träumen können, wir rufen dich an.

1. Spr.: Lasst uns beten für die, die zwischen den Stühlen sitzen; – *Stille* – für alle in Gefängnissen, geschlossenen Anstalten und Entzugskliniken. – *Stille* –

2. Spr.: Für alle im Notbehelf von Heimen, Jugendhäusern und Lehrlingswerkstätten; – *Stille* – für alle, die resigniert haben oder im Anspruchsdenken verhaftet sind. – *Stille* –

1. Spr.: Lasst uns beten für alle, die ein Lebenssturm umgerissen hat; – *Stille* –

für alle Abgeschobenen, Entwurzelten und Unerwünschten. –
Stille –

2. Spr.: Für alle, denen der Schnee belastender Ereignisse die Äste
brach; – *Stille* –
für alle, die sich das Leben nehmen wollen, und für die, die sich
selbst getötet haben. – *Stille* –

L.: Herr, groß ist die Zahl der missglückten Lebensgeschichten. Sei
den Enttäuschten und Hoffnungslosen nah, dass sie sich bei dir
geborgen fühlen. Darum bitten wir durch Christus, unseren
Herrn.

12. Euer Ja habe ich nötig
(Außenseiter / Ichfindung)

Vorbereitungen
Die GottesdienstteilnehmerInnen erhalten die Postkarte Nr. 2084 mit der Grafik von Beate Heinen aus dem Kunstverlag D-56653 Maria Laach (Stückpreis ca. 0,45 Euro). Sie zeigt einen Frosch auf einer Hand, im Hintergrund erkennt man ein Gesicht und den Text von Antoine de Saint-Exupéry: Dein Jasagen zu dem, was ich bin, habe ich nötig.
Oder ein ähnliches Motiv groß malen lassen und in den Altarraum stellen.

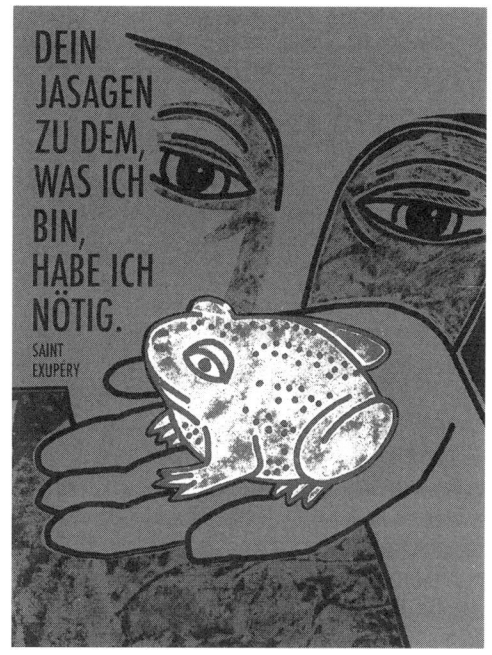

Tagesgebet
Wir schauen auf die Karte, die wir erhalten haben (bzw. auf das Bild vor dem Altar).
Herr, unser Gott, wir danken
dir, dass du Ja zu uns sagst. Aber solange ich selbst mich immer nur als
Frosch sehe, solange kann ich nicht Ja zu mir selbst sagen. Erst wenn

ich den „Prinzen" (hinter dem „verzauberten Frosch") in mir entdeckt habe – vielleicht verhelfen mir sogar andere mit Lob, Anerkennung und Ermunterung dazu –, kann ich mich mit all meinen Möglichkeiten einbringen. Darum bitten wir durch Christus, unseren Herrn.

Evangelium

Mt 8,1–4: Wie verhielt sich Jesus zu denen, die abseits standen? (Jesus *berührt* sogar den Aussätzigen und heilt ihn.)

Predigt

Bei der Vorbereitung dieses Gottesdienstes stieß ich auf das Märchen vom „hässlichen Entlein" von Hans Christian Andersen. Dieses Märchen will uns sagen: In jedem von uns steckt ein Schwan. Solange ich mich als hässliches Entlein fühle und mich nicht mit mir selbst identifizieren kann, solange spüre ich die Schnabelhiebe der anderen und lebe in einer Eiszeit der Seele. Erst wenn ich den Schwan in mir entdecke, zulasse und entfalte, spüre ich in meinem Leben Freude und Erfüllung.

Ein Beispiel: Ein späterer Schriftsteller berichtet, wie mäßig er sich durch die Anforderungen der Schule gewunden habe. Bis eines Tages sein Lehrer der Klasse seinen Hausaufsatz vorlas. Er schrieb: „Bei dieser Gelegenheit erfuhr ich, dass ich gut schrieb, worüber ich so erstaunt war, als hätte ich unbemerkt den Ärmelkanal durchschwommen! Nach Klassenschluss hielt mich mein Lehrer zurück, blickte mich fest an und sagte: ‚Sie sind begabt, an die Arbeit!' Sicher ist, dass in diesem Augenblick meine Berufung als Schriftsteller anfing. Es kam mir großartig vor zu wissen, dass mir etwas gelang, nachdem ich vorher den Eindruck hatte, zu nichts zu taugen, und Tinte, Papier und Federhalter für mich Folterwerkzeuge waren."

Ein anderes Beispiel: Solange ein homosexueller Mensch sein Sosein vor sich selbst versteckt, wird er nicht glücklich leben können. Sobald er sagt und sagen kann: Diese Seite gehört zu meiner Persönlichkeit, wird er sich auch entfalten. Er wird es aber nur mit unserer Toleranz schaffen, wir – die anderen – sind hier gefordert.

(Diese Toleranz heißt allerdings nicht, zu allem Ja und Amen zu sagen: nicht zum Rechts- oder Linksextremismus, auch nicht zum Dealer auf dem Schulhof.)

Wir schauen auf Jesus: Er berührte den Aussätzigen, den Außenseiter, den Ausgesetzten. Er war ihm ganz nahe. Sein Handlungsgrundsatz war: zuerst ein Gespräch mit ihm führen, *seine* Sicht der Dinge verstehen, dann kann ich ihm *meine* Sichtweise in einem sachlichen Miteinander vermitteln und in ein Gespräch eintauchen. Einen zweiten Hinweis gibt das Lied, das wir gleich als Glaubensbekenntnis singen werden: Jesus selbst begegnet mir heute in anderen Menschen. Da gibt es sogar im Mörder noch eine Stelle, in der sich das Bild Gottes spiegelt. An uns liegt es, diese Stelle herauszufinden.

Selbst Papst Johannes XXIII. bekam den Unmut mancher Mitmenschen zu spüren, als er den Schwiegersohn von Chruschtschow im Vatikan empfing. Musste man das nicht als Pakt mit einem Kommunisten deuten? War es nicht ein Schlag ins Gesicht derer, die in der damaligen Sowjetunion verfolgt wurden? Der Papst beantwortete diese Fragen so: „Den Kommunismus liebe ich nicht – wohl aber diesen Menschen."
Ganz nahe bei den Aussätzigen sein, das bedeutet, sich an Jesus zu orientieren.

Credolied

Jesus wohnt in unserer Straße: „Troubadour" 56 (alt 7)
oder: Was ihr dem geringsten Menschen tut: GL 619

Fürbitten

L.: Wir rufen zum Herrn und Gott aller Menschen und bitten:

1. : Für alle Außenseiter in Kirche und Staat, die uns mit ihrer Meinung manchmal vor den Kopf stoßen. Schenke ihnen Mut und eine Chance, auch gehört und ernst genommen zu werden. – *Liedruf*

2. : Für alle Jugendlichen und Erwachsenen, die andere Wege als die ausgetretenen gehen und die Energie aufbringen, andere Außenseiter in die Gemeinschaft zu holen. – *Liedruf*

3.: Für alle Menschen in ihren jeweiligen Gruppen, Cliquen, Gemeinschaften, die manchmal zu selbstbezogen ihre Ziele verfolgen und keine andere Meinung zulassen. Öffne ihre Augen, damit sie auch die Überzeugungen und Probleme anderer Menschen gelten lassen können. – *Liedruf*

4.: Für uns selbst. Öffne unsere Ohren, damit wir die stummen Hilferufe der Außenstehenden, der Außenseiter vernehmen; stärke unsere Bereitschaft, sie in ihrem Anderssein mehr zu tolerieren. – *Liedruf*

L.: So helfen wir, an deinem Reich des Friedens zu bauen – durch Christus, unseren Herrn.

Schlussgebet

(Wir schauen dabei noch einmal auf die Karte bzw. nach vorne auf das Bild.)

Guter Gott, wir danken dir für diese Feier, für dein Wort, dein lebendiges Brot und unser Miteinander hier. Mit dir und unserem ehrlichen Miteinander und Füreinander wird vielleicht aus dem Frosch wieder der Prinz, aus dem hässlichen Entlein endlich ein Schwan. Auch *dein* Ja zu dem, was wir sind, haben wir nötig. Du hast es zu uns gesprochen, indem du uns deinen Sohn gesandt hast; er hat uns alle Türen geöffnet. Dafür danken wir dir – heute, morgen und in Ewigkeit.

13. Die Schöpfung bewahren. Symbol Regenbogen

(Schöpfung / Erntedank)

Vorbereitung

Jede/r TeilnehmerIn erhält nach Möglichkeit die Karte Nr. 23095 233 von Fotokunst Groh, D-82237 Wörthsee, Tel. 08153/883 -33, Fax /883 -48, die einen Regenbogen zeigt; es genügt aber auch, gut sichtbar einen Regenbogen im Altarraum oder vor dem Altar anzubringen.

Lesungen

Gen 9,8–17: Wir hören vom Bund Gottes mit den Menschen;
Lk 22,14–20: Jesus schließt für die Menschen einen neuen Bund mit Gott;
Joh 6,37–40: Der Vater verlangt, dass Jesus keinen Menschen zugrunde gehen lässt.

Hinweis

Zum zerfledderten Teppich „Erde" in der Predigt passt gut die Geschichte Nr. 187 in „Kurzgeschichten 5": Der Zauberteppich.

Predigt

1. *Weiter sehen.* Wenn Sonnenstrahlen sich in Wassertropfen brechen, entsteht ein Regenbogen. Natürlich wissen wir um diesen physikalischen Vorgang. Jedoch schon der Schreiber des ersten Buches der Bibel steht beeindruckt vor diesem Zeichen, das Harmonie und Schönheit der Schöpfung widerspiegelt, und deutet es symbolisch. Gott hat den Regenbogen in die Wolken gesetzt, um uns daran zu erinnern: Es ist ein ewiger Bund, geschlossen zwischen Himmel und Erde, zwischen Gott und Mensch. Dieser Bund wurde in Jesus erneuert: Gott

selbst hat in Jesus Menschengestalt angenommen und ist einer von uns geworden. Wir feiern den Neuen Bund in jeder Eucharistie, in der wir die Worte Jesu hören: „Das ist der Kelch des neuen und ewigen Bundes!"

Seit alter Zeit wird in vielen Kirchen Jesus mit dem Regenbogen dargestellt. In unserer alten Kirche St. Pankratius in Bergheim-Paffendorf ist im Deckengewölbe des Altarraumes Jesus auf zwei Regenbögen sitzend zu sehen; diese Fresken sind über fünfhundert Jahre alt. In der Aula der Abtei Maria Laach thront der wiederkommende Christus ebenfalls auf einem prächtigen Regenbogen, in der linken Hand das Buch des Lebens mit den lateinischen Worten: Himmel und Erde werden vergehen, meine Worte aber werden nicht vergehen.

2. *Geschwisterlichkeit.* Franziskus zeigte einen gangbaren Weg aus der Gefahr, der kommenden Generation nur einen zerfledderten, abgenutzten Teppich „Erde" zu hinterlassen. Er sagte: Seht im Wasser unsere Schwester, im Feuer unseren Bruder, in der Erde unsere Mutter! Wenn wir uns ihnen ehrfürchtig nähern, begegnen wir in ihnen unserem Bruder Jesus Christus. Die Erde als Sakrament, als heilige Begegnung.

3. *Die Schöpfung bewahren.* Ich kenne eine Reihe Umweltschützer, die sich konsequent und voller Energie für die Bewahrung der Schöpfung einsetzen. Nur wenige von ihnen sind Gottesdienstteilnehmerinnen oder Gottesdienstteilnehmer. Aber wenn diese Menschen, oft auch Christen, sich so überzeugend gegen eine Ausbeutung der Natur einsetzen, müssten wir uns als Kirchgänger dann hier nicht noch überzeugender dabei engagieren? Denn wir sehen doch eigentlich weiter: Wenn die Schöpfung zerstört und dem Profit untergeordnet wird, beleidigen wir unseren Schöpfer und Erlöser und sägen uns selbst den Ast ab, auf dem wir sitzen.

Fürbitten

L.:   Herr, unser Gott. Du hast uns mit der Erde ein kostbares Geschenk anvertraut. Im farbenfrohen Regenbogen erinnerst du daran, dass du den Bund mit den Menschen nie beenden willst. Wir rufen dich an:

1. Spr.: Deine Schöpfung ist immer noch staunenswert schön. – Hilf den Mächtigen in Kirche und Staat, den Erdball für die kommenden Generationen lebenswert zu erhalten. – *Liedruf*

2. Spr.: Wer das Kleid der Herrlichkeit Gottes zerstört, beleidigt den Schöpfer. – Stärke alle Menschen, besonders die Christen, durch

Einschränkung und Verzicht dazu beizutragen, die Natur zu schonen. – *Liedruf*

1. Spr.: So vielen Menschen fehlt das Nötigste. – Zeige den wohlhabenden Ländern noch mehr Möglichkeiten, Brücken der Gerechtigkeit zu den Ausgebeuteten und Armen zu schlagen. – *Liedruf*

2. Spr.: Die Schöpfung, der Abglanz der Herrlichkeit Gottes, lässt uns erahnen, was nach dem Tode auf uns wartet. –
Lass uns bei aller Arbeit und Sorge im Blick behalten, was du uns versprochen hast. – *Liedruf*

L.: Dann ehren wir dich, den Schöpfer und Erlöser, durch Christus, unseren Herrn.

Meditation

1. Spr.: Herr, ich möchte wie ein Regenbogen sein,
über den man sich freut,
wenn man ihn sieht –
bunt wie das Leben.

2. Spr.: Brücken bauen möchte ich
wie ein Regenbogen
zu Menschen und Gott –
Verbindung sein zwischen Hass und Liebe,
zwischen Traurigkeit und Freude.

1. Spr.: Herr, ich möchte wie ein Regenbogen sein:
verlässlich und treu,
wo Regen und Wolken vergehn
und die Welt eintaucht in ein helles Licht.

2. Spr.: Du gabst uns deine Zusage, Herr,
und erinnerst uns immer wieder neu
an deinen Bund mit uns.
Dein Regenbogen lässt uns hoffen und vertrauen.

Rosemarie Köster, Erftstadt-Lechenich

14. An schweren Tagen. Symbol Sonne/Distel
(Leid / Krankheit / November)

Vorbereitungen

Die doppelseitige Karte „Son-
nenuntergang" ist innen auf
beiden Seiten frei; auf der
Rückseite trägt sie den Refrain des Liedes „Von guten
Mächten" von Dietrich Bonhoeffer:

> Von guten Mächten wun-
> derbar geborgen,
> erwarten wir getrost, was
> kommen mag.
> Gott ist mit uns am Abend
> und am Morgen
> und ganz gewiss an jedem
> neuen Tag.

Bestellnummer 285 bei Neues
Buch, Postfach 5122, D-61125 Nidderau-Ostheim, Tel. 0 61 87 / 2 83 10,
Fax / 2 83 07. Der Preis der Doppelkarte liegt z. Zt. bei DM 1,90 (ca. 1
Euro); Staffelpreise ab 10 Exemplaren.
Denkbar ist auch, ein solches Motiv groß aufzumalen.

Begrüßung und Hinführung

Die eindrucksvolle Doppelkarte in unseren Händen mit dem Motiv „Sonne – Distel" fängt ein Stück Wirklichkeit unseres Lebens ein: Wir leben
mehr oder weniger zufrieden im Sonnenschein des Alltags und unvor-
hergesehen bricht etwas Schlimmes über uns herein – eine Krankheit,
ein Unfall, Schulversagen, Arbeitslosigkeit, die Ehe zerbricht oder uns
stirbt ein lieber Mensch. Bedrohlich sticht uns ein Dorn der Distel. Wir
sehen plötzlich nur noch Dornen und nicht mehr die Sonne dahinter.

Lesungen

2 Kor 12,7–10: Kein Mensch ist davor sicher, plötzlich die Stacheln einer
tödlichen Macht aushalten zu müssen;
Hebr 12,5–7.11–13: Wen Gott liebt, den züchtigt er;
Lk 22,40–46: Erst, wer sich dem Willen Gottes anvertraut, wendet sich
von der Distel ab und zum Licht Gottes hin;
Mt 16,24–27: Nachfolge und Selbstverleugnung.

Predigt mit erzählter Geschichte

L.: Wir hören die Geschichte einer Distel. Wer möchte, kann dabei das Bild auf der Karte anschauen.

ErzählerIn = E.; Distel = D.; Lilie = L.;
andere Blumen = 1.–4., eventuell von einer Stimme sprechen lassen.

E.: Zur Zeit Jesu blühten im Heiligen Land im Garten eines Reichen viele Blumen. Einmal fragte die Lilie die übrigen Blumen nach Jesus Christus, weil der Herr des Gartens ihn im Vorübergehen genannt hatte, als er ihre geöffnete Blüte betrachtete. Eine Rose in leuchtender Purpurfarbe antwortete:

1.: Ich kenne ihn nicht. Er muss ein Bauer sein, denn ich habe alle Fürsten dieser Erde gesehen. Jesus war nicht darunter.

E.: Ein kleiner, duftender Jasmin meinte:

2.: Auch ich habe ihn nie gesehen, und kein guter Geist versäumte es je, an meinen kleinen Blüten zu riechen.

E.: Die stolze Kamelie fügte hinzu:

3.: Auch ich nicht und dabei ruhte ich an der Brust so vieler schöner Frauen und Männer.

E.: Die Lilie begann wieder:

L.: Er muss mir ähneln, weil mein Herr sich an ihn erinnerte, als er mich heute Morgen anblickte.

E.: Da sagte das Veilchen:

4.: Eine unter uns gibt es, die ihn ohne Zweifel gesehen hat: unsere arme Schwester Distel. Sie kennt alle, die auf dem Weg an ihr vorübergehen. Wenn sie auch durch den Staub gedemütigt ist, so ist sie doch sanft wie eine Blume meiner Farbe.

E.: Die Lilie antwortete:

L.: Du hast Recht, ohne Zweifel kennt die Distel ihn. Aber sie passt nicht zu uns, weil sie Dornen hat und die Wolle der Lämmer an sich reißt, wenn die Herden vorüberziehen.

E.: Die Lilie machte ihre Stimme freundlich und rief zum Wege:

L.: Schwester Distel, arme Schwester, die Lilie fragt dich, ob du Christus kennst.

E.: Der Wind trug die müde, gebrochene Stimme der Distel herüber.

D.: Ja, er ist diesen Weg gegangen und ich habe seine Gewänder berührt.

E.: Die Lilie wollte noch viel mehr erfahren:

L.: Und stimmt es, dass er mir ähnelt?

D.: Nur ein wenig. Denn du erhebst dein Haupt zu sehr; er trägt es ein wenig geneigt. Aber sein Mantel ist schneeweiß wie du; preise dich glücklich, ihm zu ähneln.

L.: Sag, Distel, wie sind seine Augen?

E.: Da öffnete die Distel an einem anderen Stengel eine blaue Blüte.

L.: Und was trägt er an den Schläfen als Kranz, wenn der Frühling kommt?

E.: Da richtete die Distel ihre Dornen auf, so dass die Kamelie entsetzt rief:

3.: Das ist aber ein furchtbarer Kranz. Man verzeiht der Rose ihre kleinen Dornen. Doch diese sind ja wie die eines Kaktus!

E.: Die Lilie fuhr verwirrt fort:

L.: Und wie ist seine Liebe?

E.: Die Distel ließ die hellen Federchen einer verwelkten Blütenkrone in alle Winde zerstieben und sagte:

D.: So liebt dieser Christus.

E.: Die Lilie sagte:

L.: Ich möchte ihn gerne kennen lernen. Wie könnte ich das anstellen, Schwester Distel?

E.: Die Distel antwortete leise:

D.: Um seinen Blick zu erhaschen, müsst ihr zur Distel am Wege werden. Denn er sagte im Vorübergehen zu mir: „Gesegnet bist du, weil du im Staube blühst und den Blick des Wanderers erheiterst."

E.: Aber keine der Blumen im Garten wollte zur Distel werden; weder die Lilie noch die Rose, weder der Jasmin noch die Kamelie, auch nicht das Veilchen. Und wie die Fürsten und Mächtigen dieser Welt, die sich sträubten, Jesus Christus durch die ausgedörrten Täler zu folgen, lernten sie ihn nie kennen.

Gabriele Mistral, Spürst du meine Zärtlichkeit, Verlag „Die Waage", Kilchberg/Zürich, 1967, S. 81–84. Die Geschichte wurde hier in ein Sprechspiel umgewandelt.

L: Jesus richtig kennen lernen, können also eher diejenigen, die demütig und ungeschützt still blühen und denen ihre Liebe zuwenden, die vorübergehen. Und alle, die Dornen tragen und ertragen und dabei – wie Paulus schrieb – ihre Ohnmacht aushalten, sich ganz dem Willen Gottes unterstellen. Leicht gesagt. Aber das gehört mit zu den Worten Jesu, die nicht oben vom Berg der Verklärung kommen, sondern unten aus dem Staub des Ölbergs und deshalb überzeugen: „Vater, nicht mein Wille, der deine soll geschehen" (Lk 22,42b). Der, dessen Angstschweiß wie Blut zur Erde tropfte, gibt uns auch dazu im Evangelium den Schlüssel in die Hand: Wachet und betet! Wir schauen noch einmal auf das Bild und fragen uns: Sehe ich in meinem Leben mehr auf die Distel oder mehr auf die Sonne? – Spüre ich momentan nur meine dunklen, stacheligen Erfahrungen oder kann ich weiterschauen auf die Sonne, deren Strahlen selbst Wolken durchdringen?

Der Glaube an Gott kann Berge versetzen. Er hat die Kraft, manche unbegreiflichen Distelblätter meines Lebens der Sonne des barmherzigen Gottes hinzuhalten und mit Dietrich Bonhoeffer selbst im Angesicht des Todes zu sprechen:

(Entweder nun den Text von der Rückseite der Doppelkarte gemeinsam beten oder das entsprechende Lied singen, wenn es der Gemeinde bekannt ist, siehe „Troubadour" 717 [alt 441].)

Fürbitten

L.: Wir rufen zu dem, der uns in seinem Sohn Erbarmen versprochen hat. Wir begleiten die Fürbitten *still* mit unserem Gebet.

1. Spr.: Für die christlichen Kirchen, die in den westlichen Ländern die Stacheln der Gleichgültigkeit und des Spottes ertragen müssen. – *Stille*

2. Spr.: Für die Mächtigen, die das Schicksal ganzer Völker verantworten und die Dornen mancher Ungerechtigkeit. – *Stille*

1. Spr.: Für alle Menschen, die auf der Schattenseite des Lebens stehen. – *Stille*

2. Spr.: Für die Kranken, Behinderten, Heimatlosen und Verfolgten in den Dornenfeldern ihrer Erfahrungen. – *Stille*

1. Spr.: Für all jene unter uns, die momentan über Disteln und Dornen gehen müssen. – *Stille*

L.: Herr, unser Gott! Wir vertrauen auf die heilenden Strahlen deiner Sonne, die uns in Jesus Christus aufgeleuchtet sind – durch ihn, Christus, unseren Herrn.

15. Wie die Zeit vergeht
(Jahreswende)

Vorbereitungen
Jeder erhält die Fotokarte Nr. 7293 aus dem Buch-Kunstverlag D-82488 Ettal, Tel. 0 88 22 / 67 35, Fax 0 88 22 / 7 42 15 (z. Zt. 0,80 DM = ca. 0,40 Euro). Eventuell kann das Motiv auch vergrößert aufgemalt werden.

Lesung
Koh 3,1–8: Schöpfe die Zeit aus für das, was dir im Augenblick möglich ist.

Meditationsgespräch
(Die GottesdienstteilnehmerInnen werden gebeten, sich spontan zum Bild zu äußern. In unserem Gottesdienst kamen folgende Beiträge, die hier so wiedergegeben sind, dass sie auch von zwei Sprechern / Sprecherinnen vorgetragen werden können:)

1. Spr.: Um so kräftig heranzureifen wie auf dem Bild, brauchte dieser Löwenzahn ein Fleckchen kargen Bodens, genügend Feuchtigkeit und die Wärme der Sonne.

2. Spr.: Ähnlich braucht jeder Mensch ein Fleckchen, an dem er sich zu Hause fühlt, Kräfte aus den Wurzeln der Geborgenheit zieht und die Sonne der Zuneigung erfährt, der Anerkennung, des Vertrauens auf Gott und die Menschen. Dann kann er wachsen und reifen und Frucht bringen.

1. Spr.: Wir sind zur Vergänglichkeit bestimmt, aber unser Verwelken ist Absprungbasis für neues Leben.

2. Spr.: Schade manchmal, dass die Zeit wie im Fluge vergeht. Aber sie birgt auch den Trost, das Begonnene wachsen und reifen zu sehen.

1. Spr.: Noch stehen die kleinen „Fallschirme" mit ihren Samenkörnern dicht gedrängt zusammen. Aber der nächste Windstoß kann alle forttreiben. Wir müssen Abschied nehmen und loslassen können, damit Neues wachsen kann – in der Natur wie in unserem Leben.

2. Spr.: Unsere Worte und Taten, alles, was wir weitergeben, wird wie Samen vom Wind zerstreut. Ich darf in der Hoffnung leben, dass einiges davon irgendwo Wurzeln schlägt und aufgeht.

1. Spr.: Der Löwenzahn ist Sinnbild für die Verwandlungen, die wir im Leben durchmachen. Jeder Zustand ist wichtig und gut und wird von Gottes Sonne beschienen.

2. Spr.: Das pralle Gelb färbt manche Wiesen zum gelben Meer. Und wenn alles zu sterben scheint, erstaunt uns das Wunder der Pusteblume.

1. Spr.: Die Sonne Gottes hat genauso Freude an uns in der Blüte unseres Lebens wie auch an den ersten weißen Haaren, die Vergänglichkeit einläuten.

2. Spr.: „Wenn ihr nicht werdet wie die Kinder": Die Kinder lieben die Pusteblume besonders. Sie übersehen das weiße Haar der Großeltern und deren gefurchte Gesichter und leben im herzlichen Miteinander zu Opa und Oma, die meist mehr Zeit und Geduld für sie haben als die gestressten Eltern.

1. Spr. Herr, unser Gott. Schenke uns Geduld im Wachsen und Reifen und lass uns alle Phasen des Lebens auskosten und in deine bunte Welt einbringen.

2. Spr.: Schenke uns immer wieder den Mut zu neuem Aufbruch. Hilf uns, den Zauber auszukosten, der in jedem Anfang liegt.

Evangelium
Joh 20,19–22: Sich dem Wind des Geistes Gottes anvertrauen. (Er hauchte sie an.)

Weiterführung
„Er *hauchte (dieses Wort anhauchend aussprechen)* sie an!" Wenn ich die Pusteblume anhauche, löst der Atem die Fallschirme vom Fruchtstand und trägt sie in alle Welt. An Pfingsten durchfuhr der Wind Gottes, der Heilige Geist, die Schar der Jünger, die sich ängstlich aneinander festhielten. Jetzt erst im Auseinandertreiben – auch in der ersten Christen-

verfolgung, die bald in Jerusalem einsetzte – „blies" Gottes Geist sie in alle Welt, sonst wären die Jünger in Jerusalem langsam „verdorrt". Die Jünger brauchten nicht mehr zu tun, als sich dem Geist Gottes anzuvertrauen.

So kommt es zum Beginn des Jahres für uns Christen auch nicht auf Leistung an, sondern darauf, sich dem Atem Gottes anzuvertrauen. Er ist der Handelnde. Er trägt uns und zeigt uns den Ort, wo unsere Worte und Taten Wurzeln schlagen können. Wenn wir alles Entscheidende Ihm anvertrauen, dann nehmen wir den Druck von unseren Schultern und werden frei für Gottes Wirken an uns.

Fürbitten

L.: Gott, Herr über Zeit und Ewigkeit, wir rufen zu dir:

1. Spr.: Lass alle, die Macht in Staat und Kirche ausüben, ihre Kraft und Zeit zum Wohle aller einsetzen. – *Liedruf*

2. Spr.: Begleite die christlichen Gemeinschaften mit deiner Gnade, damit sie im Strom der Zeit Frieden und Zufriedenheit in unsere hektische Welt tragen. – *Liedruf*

1. Spr.: Gib Familien und Alleinstehenden Räume der Geborgenheit und Liebe, in deren Wärme und Licht sie wachsen und reifen können. – *Liedruf*

2. Spr.: Schenke den Menschen, deren Not und Hoffnungslosigkeit mit der Zeit wachsen, neue Hoffnung und helfende Kräfte an ihrer Seite. – *Liedruf*

1. Spr.: Wir sind oft Gefangene der Zeit. Mach uns deine Gegenwart immer wieder bewusst, damit wir befreit aufatmen können. – *Liedruf*

2. Spr.: Nimm alle, deren Zeit abgelaufen ist, in die Freuden der Ewigkeit auf. – *Liedruf*

L.: Barmherziger Vater, auf deine offenen Arme vertrauen wir – heute, morgen und in Ewigkeit.

Meditation (eventuell in verteilten Rollen lesen)

(Wir schauen dabei auf unsere Karte.)
Wie jede Blüte welkt und jede Jugend
dem Alter weicht, blüht jede Lebensstufe,
blüht jede Weisheit auch und jede Tugend
zu ihrer Zeit und darf nicht ewig dauern.

Es muß das Herz bei jedem Lebensrufe
bereit zum Abschied sein und Neubeginn,
um sich in Tapferkeit und ohne Trauern
in andre, neue Bindungen zu geben.
Und jedem Anfang wohnt ein Zauber inne,
der uns beschützt und der uns hilft zu leben.

Wir sollen heiter Raum um Raum durchschreiten,
an keinem wie an einer Heimat hängen.
Der Weltgeist will nicht fesseln uns und engen,
er will uns Stuf' um Stufe heben, weiten.
Kaum sind wir heimisch einem Lebenskreise
und traulich eingewohnt, so droht Erschlaffen,
nur wer bereit zu Aufbruch ist und Reise,
mag lähmender Gewöhnung sich entraffen.

Es wird vielleicht auch noch die Todesstunde
uns neuen Räumen jung entgegensenden,
des Lebens Ruf an uns wird niemals enden ...
Wohlan denn, Herz, nimm Abschied und gesunde!

Hermann Hesse, Stufen, aus: Gesammelte Dichtungen.
© Suhrkamp Verlag, Frankfurt am Main 1952

Gut erzählte Geschichten lassen auch heute noch aufhorchen. Meistens können sie nach Tagen noch wiedergegeben werden. Wenn solch eine Erzählung auch noch durch ein stimmiges Symbol begleitet wird, dann prägt sich das Gehörte viel tiefer ein. Exemplarische Probe aufs Behauptete: Ich erzähle von der Geburt des Herrn oder: Ich stelle die einzelnen Krippenfiguren nacheinander zu einer Krippe zusammen und berichte von der Bedeutung dieser Personen.

Zusätzlich sind Fürbitten und Meditationen angegeben, weil sie weitere Gedanken enthalten, die die symbolische Geschichte ergänzen.

16. Die Herausforderungen annehmen. Symbol Perle
(Passion / Leid. – 22. Sonntag i. J. A)

Vorbereiten
Eine oder mehrere Muscheln, in die eine Perle geklebt wurde. Es empfiehlt sich, die Muschel(n) erst nach der Predigt durch die Reihen zu geben, weil es andernfalls möglicherweise ablenkt.

Symbolische Geschichte
ErzählerIn = E.; Prinzessin = P., Weiser = W.

E.: Es lebte einmal eine wunderschöne Prinzessin. Alle liebten, verehrten oder beneideten sie. Aber eines Tages erkrankte sie und ihre Schönheit wehte fort, wie der Herbstwind die Blätter der Bäume wegfegt. Als die Prinzessin schließlich ihr Gesicht im Spiegel sah, wurde sie so traurig, dass sie nicht einmal weinen konnte. Sie ließ die Vorhänge zuziehen und weigerte sich, noch Nahrung zu sich zu nehmen.

In seiner Verzweiflung schickte der König zu einem berühmten Weisen und bat ihn, seine Tochter für das Leben wiederzugewinnen. Der Weise kam auch, setzte sich lange Zeit in dem verdunkelten Zimmer schweigend neben die Prinzessin und schaute sie an. Schließlich sagte er:

W.: Die Krankheit hat euch nicht nur die Schönheit genommen, sie wird auch noch ihren Schatten über euren Geist ausbreiten; dann werdet ihr vollends hässlich sein.

E.: Die Prinzessin antwortete:

P.: Dann erscheine ich euch noch nicht völlig hässlich?

E.: Der weise Mann erwiderte:

W: Ihr seid nicht hässlich, solange ihr euer Inneres hell erhaltet. Ich möchte dabei helfen. Ich will euch dafür „Brot" geben, nur müsst ihr es selber essen – das kann ich nicht für euch tun.

P.: Eure Worte sind dunkel.

W.: Als Erstes ziehe ich die Vorhänge hoch.

P.: Als wenn das eure Worte erhellen könnte!

W.: Wenn ihr mir nicht mit eurem Willen auf halbem Wege entgegenkommt, werdet ihr statt der Brote Steine erhalten! Schaut her!

E.: Der Weise zog aus dem weiten Ärmel seines Gewandes eine unansehnliche graue Muschel hervor.

W.: Haltet ihr diese Muschel für schön?

P.: Nein. Die Schale ist rau und schmutzig. Man kann sich an ihr verletzen. Und sie riecht schlecht.

E.: Der weise Mann zog die Hand zurück und brach die Schalen der Muschel auseinander: Eine wundervolle, schimmernde Perle auf glattem, perlmutternem Grund bot sich ihren Blicken.

P.: Ja! Das ist wahrhaft schön!

W.: Wir finden die Perle schön und wertvoll, weil sie den Sieg des Bösen über das Gute darstellt.

P.: Wie meint ihr das? Wo ist denn hier Gut und Böse?

W.: Eine Krankheit empfinden wir als böse, weil sie das Leben bedroht und sogar vernichten kann. Seht, etwas Fremdes verschaffte sich Eingang in die Muschel. Dadurch wurde sie krank. Aber sie wehrte sich gegen die Bedrohung und überwand sie. Die Muschel umkleidete das bedrohende Fremde mit dem köstlichen Schmelz, der die Schönheit der Perle ausmacht. So verwandelte sie Böses in Gutes. Darum ist die Perle das Sinnbild für die Überwindung des Todes durch das Leben. Darum lieben wir sie. Darum ist sie uns so wertvoll.

P.: Ach, alles schön und gut. Aber was hilft mir das weiter? Ihr verspracht, mir meine Schönheit wiederzugeben.

W.: Ich gab sie euch!

P.: Wollt ihr mich verspotten?

W.: Nein, um Gottes willen, nein! Ihr wart am Verhungern und ich gab euch Brot. Ich sagte schon: Essen müsst ihr es selber!

P.: Ihr meint, dass ich …

W.: Handelt wie die unscheinbare Perlmuschel. Wandelt das Böse, das euch zerstören will, in eurem Herzen zum Guten um – und ihr werdet liebenswerter sein als zu der Zeit, als ihr nur äußerlich schön wart.

P.: Ihr verlangt sehr Schweres von mir!

W.: Ohne euer Dazutun werdet ihr langsam untergehen. Seid wie die Perlmuschel. Dann seid ihr schön! Und die etwas von Perlen verstehen, werden euch schätzen und lieben.

E.: Die Prinzessin wagte es und wurde, trotz des Verlustes ihrer Schönheit, die liebenswerteste Frau ihrer Zeit.

Paul Bourfeind, Die Perlmuschel. © Gayda Press, Ulm.
Verkürzt und auf SprecherInnen verteilt

Evangelium

Mt 16,21–26: Petrus will den einfachen Weg. Jesus nimmt die Herausforderung von Leid und Tod an.

Predigt

Hoffentlich haben Sie noch die entscheidenden Sätze von der eben gehörten Geschichte im Ohr. Da hieß es: „Handelt wie die unscheinbare Perlmuschel. Wandelt das Böse, das euch zerstören will, in eurem Herzen zum Guten um – und ihr werdet liebenswerter sein als zu der Zeit, als ihr nur äußerlich schön wart." Wer also innerlich liebenswerter wird, rückt das Äußere immer mehr in den Hintergrund.

(L. zeigt die geschlossene Muschel) Hier habe ich so eine Muschel, die nach der Predigt einmal durch die Reihen gereicht werden kann. Rein äußerlich ist sie rau, kantig, unansehnlich. Man kann sich an ihr verletzen! Aber innen *(L. öffnet sie langsam und zeigt das perlmutterne Innere mit der Perle)* ist sie seidigglatt und schön und beherbergt eine wunderbare Perle, die ja im Anfang als spitzes Sandkorn eine tödliche Bedrohung war! Nachher könnt ihr die sanfte, glatte Innenseite einmal nachfühlen; dabei aber nicht die Perle berühren ... – ob ihr Kinder das schafft? *(Das Nicht-Berühren hat praktische Gründe: Die eingeklebte Perle löst sich sonst rasch ab!)*

Jesus sprach im Evangelium auch von einer tödlichen Bedrohung, die ihn das Leben kostete. Er wies die Jünger hin auf sein Leiden und seinen Tod. Petrus wollte ihn – menschlich verständlich – davon abhalten. Aber Jesus schaute auf die mögliche Perle; daher erteilte er Petrus eine richtige Abfuhr: „Weg mit dir, Satan! Du hast nicht das im Sinn, was Gott will!"

Nun würde ich grundsätzlich vorsichtig sein, wenn ich von dem schwierigen Weg zur Perle sprechen soll: Wer weiß, welche Bedrohung auch uns begegnen kann! Aber viele, die zu Lebzeiten durch ein Fegfeuer gingen, haben mir gesagt: „Das war keine verlorene Zeit; das hat mich weitergebracht!" Viele gewannen von der inneren Schönheit her Charme und anziehende Ausstrahlung, auch wenn sie nicht „hübsch" oder „schön" im landläufigen Sinne zu nennen sind!

Auf diese beiden Möglichkeiten stoßen wir immer wieder im Leben. Es ist wie bei der Begegnung zweier Austern. Die eine klagt: „Ich habe Schmerzen! Es ist, als trüge ich eine Kugel aus Blei in meinem Leib. Was wird aus mir bloß werden?"

Die andere Auster erwidert stolz: „Ich fühle mich kerngesund, bin munter und fidel. Du wirst an deiner Kugel noch sterben. Ich habe das Leben noch vor mir!" Eine Krabbe, die dem Gespräch der beiden gelauscht hat, meint: „Was verstehst du stolze Auster schon vom Leben? Du meinst, Jugend, Schönheit und Gesundheit seien alles. Sie hat zwar Schmerzen, gegen die sie ankämpft, aber sie trägt eine Perle in sich!"

Arabische Fabel

Jesus bietet uns an: „Wer mein Jünger sein will, nehme sein Kreuz (wenn es nicht zu ändern ist) auf sich und folge mir nach!"
Wer viel leiden und verkraften muss, möge an das Geheimnis der Perle denken – und hinter Jesus hergehen.

Fürbitten

L.:   Wir rufen zu unserem Herrn Jesus Christus, der das Leid ertragen und das Böse besiegt hat. Wir bitten ihn:

1.   Für alle in Kirche und Gesellschaft, die wegen einer Ungerechtigkeit verbittern. – Christus, höre uns.
Alle: Christus, erhöre uns.

2.   Für alle, die an ihrem Schicksal zu zerbrechen drohen. – Christus, höre uns.
Alle: Christus, erhöre uns.

3.   Für alle, denen die Kraft fehlt, einen Teufelskreis des Bösen zu durchbrechen. – Christus, höre uns.
Alle: Christus, erhöre uns.

4.   Für alle, denen die Angst das letzte Selbstbewusstsein auffrisst. – Christus, höre uns.
Alle: Christus, erhöre uns.

5. Für alle Leidenden in den Krankenhäusern, psychiatrischen Anstalten und Pflegeheimen. – Christus, höre uns.

Alle: Christus, erhöre uns.

6. Für alle, die im Bewusstsein sterben, die Herausforderungen des Lebens nur unzureichend in eine kleine kostbare Perle umgewandelt zu haben. – Christus, höre uns.

Alle: Christus, erhöre uns.

L.: Ja, wir danken dir, Herr und Gott, dass du uns auch in den dunklen Stunden des Lebens nahe bist durch Christus, unseren Herrn.

Meditation

1. Spr.: Um ganz Mensch zu werden, brauchen wir die Herausforderung, die in der Muschel die Perle heranwachsen lässt. Es ist eine Erfahrung des Lebens, dass wir an Widerständen reifen. Denn:

2. Spr.: Ohne Widerstand würde der Muskel nicht wachsen. –
Ohne Schwere würde der Anker das Boot nicht halten.

1. Spr.: Ohne Spannung würde der Bogen keinen Pfeil schießen. –
Ohne Belastung wüssten wir nicht um die Grenzen der Belastbarkeit.

2. Spr.: Ohne Gewicht bliebe der Same nicht in der Erde. –
Ohne Ballast wäre der Ballon nicht zu dirigieren.

1. Spr.: Ohne Schwere würde ich davonfliegen,
weder Halt haben noch geben
und ohne Verständnis sein für die Schwere der Welt.

Nach Ulrich Schaffer

17. Gehalten sein – im Vertrauen auf Gott.
Gleichnis Schaukel

(Glauben / Vertrauen)

Vorbereiten

Eine Schaukel kann dort angebracht werden, wo sonst der Adventskranz hängt oder aufgebaut ist. Sie ist aber verhüllt und wird erst in der Predigt an entsprechender Stelle gezeigt. Die Schaukel muss nicht unbedingt angebracht werden, aber: Wenn das Auge mitkommunizieren darf, wirkt das Wort tiefer und bleibt länger in der Erinnerung.

Lesung

58 Ps 25,1–6.17–20: Wer auf den Herrn vertraut, wird niemals scheitern.

Evangelien

Lk 17,5–6: Vertrauen kann Berge versetzen. – Alle Evangelien, die sich mit dem Thema Vertrauen/Glauben befassen. Davon gibt es viele, zum Beispiel im

Lesejahr A:
12. Sonntag i.J.: Habt Vertrauen! All eure Haare sind gezählt.
14. Sonntag i.J.: Kommt alle zu mir!
19. Sonntag i.J.: Petrus geht übers Wasser.
30. Sonntag i.J.: Hauptgebot: Vertraut Gott von ganzem Herzen.

Lesejahr B:
12. Sonntag i.J.: Jesus stillt den Sturm.
13. Sonntag i.J.: Heilung der kranken Frau und
　　　　　　　　Auferweckung der Tochter des Jaïrus.
30. Sonntag i.J.: Heilung des blinden Bartimäus.
31. Sonntag i.J.: Hauptgebot (wie oben).

Lesejahr C:
5. Sonntag i.J.: Im Vertrauen das Netz neu auswerfen.
9. Sonntag i.J.: Der Hauptmann von Karfarnaum.
11. Sonntag i.J.: Die Sünderin.
15. Sonntag i.J.: Hauptgebot (wie oben).
27. Sonntag i.J.: Vertrauen nur so groß wie ein Senfkorn.

Kurzgeschichten

„Kurzgeschichten 3", Nr. 96; „Kurzgeschichten 4", Nr. 99, 100, 110, 111. – „In Geschichten das Leben spiegeln", Nr. 59.

Predigt (mit symbolischer Geschichte)

Ein Maler – ich kenne seinen Namen (Gerd Gisder) –, der lange für Film und Fernsehen gearbeitet hatte, machte sich selbstständig. Als freier Künstler bekam er eines Tages von einem Fabrikanten den Auftrag, „das Leben" darzustellen. In Öl. Der Maler sagte zu. Acht Tage brauche er. Gespannt fuhr der Fabrikant nach dieser Frist zum Atelier. Was würde er zu sehen bekommen? Einen Baum, der als Same beginnt, dessen Schößling und der junge Stamm zu schützen sind, der dann als mächtiger Baum seine Früchte bringt und schließlich umstürzt? Oder einen Weg, der beginnt, auf- und abwärts führt durch fruchtbare und karge Landschaften, der in seiner Länge gegangen werden muss (in Gemein-

schaft oder alleine), um das Ziel zu erreichen? Oder als Wasser?: die kleine, sprudelnde Quelle mit klarem Wasser, das sich bald mutig und schäumend in Abgründe stürzt, zum Strom wird und so viel, auch Giftiges, in sich aufnehmen kann, bis es in den Ozean mündet?
Dann stand der Fabrikant vor dem Ölgemälde und wunderte sich sehr. Was er da erblickte, sollte das Leben symbolisieren? Der Künstler stellte sich neben ihn und sagte: *(jetzt die Schaukel sichtbar werden lassen und ihr einen kleinen Schubs geben ...)* „Ja, eine – Schaukel! Sie versinnbildlicht mir am meisten das Leben!" Die abgebildete Schaukel hing nicht starr nach unten, sondern nahm Anlauf zum Aufschwung. „Sitzen Kinder oder Verliebte darauf, ist sie *ständig* in Bewegung. Es geht auf und ab; es gibt Höhen und Tiefen." Nach einer Pause setzte er hinzu: „Wenn man es sehen will, hat das Leben mehr Höhen als Tiefen." Dann schwieg er länger. Schließlich sagte er noch etwas mit fester Stimme – das klang wie ein Glaubensbekenntnis: „Auch wenn ich ein Tief durchmache, kann ich mich gehalten fühlen."

Heribert Haberhausen, Geschichtenbuch Religion, Band 1. Sekundarstufe 1, © 1999 Patmos Verlag GmbH, Düsseldorf [Originaltitel: Das Leben]. Leicht verändert

Ich kann mich gehalten fühlen! Von Menschen, aber auch von den unsichtbaren Armen Gottes!

Ihr, liebe Kinder, könnt dieses Bild auch verstehen. Erinnert ihr euch, wie das damals war? Eine/r setzte euch auf die Schaukel und gab euch einen kleinen Schubs und freudig ging es hin und her. Nicht nur die Schaukel wurde gehalten, auch ihr spürtet noch die schützenden Hände. Als ihr größer und mutiger wart, habt ihr gerufen: „Allein!", und langsam ging es mit eigener Kraft immer höher, rauf und runter. Im Auf und Ab kann ich mich gehalten fühlen! Du verstehst auch: Wenn du es übertreibst und ganz wild hoch hinaus willst und abstürzt und den Arm gebrochen hast, dann darfst du nicht klagen: „Jetzt hat Gott oder sonst jemand nicht aufgepasst! Warum ich?" Du warst selbst schuld, weil du es in deiner Freiheit übertrieben hast. Und reißt ein Seil oder lockert sich ein Haken oder bricht das Sitzbrett, darfst du auch nicht rufen: „Wie kann Gott so etwas zulassen?"! Da tragen andere Schuld, die nicht überprüft haben, ob alles sicher ist. (Ich darf bei all den Flut- und Erdbebenopfern nicht nur Zweifel an einem barmherzigen Gott hegen; schließlich wurde oft mit billigsten Mitteln und nicht erdbebensicher gebaut, was nicht heißen soll, dass damit alle Fragen beantwortet sind.)

Liebe erwachsene Christen! Wie ergeht es Ihnen allmorgendlich beim Aufstehen, wenn die Schaukel langsam den Aufschwung probt, wenn wir uns auf der Bettkante am liebsten noch für eine Stunde nach hinten fallen lassen möchten? Kennen wir noch ein Morgengebet? Also den Augenaufschlag in Richtung Gott und den Gedanken: „Komm! Im Auf und Ab heute bin ich gehalten. Wenn vielleicht nicht mehr von einem Menschen, dann noch von dir!" Und abends beim Zubettgehen, wenn die Schaukel still auspendelt, das Abendgebet, die Tagesrückschau: „Ich lege jetzt alles in deine Hände, auch das Zerbrochene. Ich weiß, dass du mich hältst!" Das gibt auch Ihrer Seele ein Bett!

Wir dürfen einem Gott vertrauen, der im brennenden Dornbusch Mose seinen Namen verriet: „Ich bin der, der für euch da ist!" In Jesus hat dieser Gott Hand und Fuß bekommen. „Was *ich* also von Jesus halte? Dass er mich hält!" (Zitat L. Zenetti). *(Stille)*

18. Mit den „Schuhen des Glaubens" unterwegs. Symbol Schuhe
(Glaube / Nachfolge)

Vorbereitungen

1. Je nach Gemeindesituation eine Anzahl des abgebildeten Schuhumrisses vergrößern und ausschneiden. Außerdem liegen entsprechend viele Stifte zum Beschriften bereit.
2. Für das „Sprechspiel" diese „Schuhe" bereitlegen.
3. Einige TeilnehmerInnen können auch ihre Schuhe auf Papier ummalen, ausschneiden und für das Erstellen einer Collage nach vorne bringen. Die aufgeklebten Schuhe sollten ein Kreuz ergeben (= Nachfolge).

Vorbemerkung

Die GottesdienstteilnehmerInnen werden vor dem Gottesdienst auf die Aktion mit dem Schuhmodell hingewiesen, um sich innerlich auf eine gewisse Mitarbeit einzustellen.

Hinführung

(Im Mittelgang und auf den Altarstufen sitzen einige Jugendliche, die sich schon während des Eingangsliedes Schuhe und Strümpfe ausgezogen haben)

Haben Sie die Jugendlichen bemerkt, die barfuß hier sitzen? Stellen wir uns vor, der Mittelgang wäre mit Glasscherben oder glühenden Kohlen ausgelegt und alle müssten hindurchgehen! Noch schwieriger: Ich würde jeden bitten, noch einen anderen Huckepack zu nehmen und mit dieser Last die Hindernisstrecke zu überwinden ...

Um wieviel leichter fällt alles mit Schuhen an den Füßen! So ähnlich helfen uns die „Schuhe" des Glaubens in den Schwierigkeiten des Lebens. Mit „Schuhen" des Glaubens oder barfuß unterwegs? Das ist unser Thema heute.

Symbolische Geschichte: Warum eigentlich nicht?

(Der zweite Sprecher steht barfuß da)

L.: Barfuß oder mit Schuhen? Wir hören dazu eine Geschichte.

1. Spr.: Am frühen Morgen kam ich in einer großen Stadt an. Es war kalt und ein leichter Schnee lag um den Bahnhof. Etwas Befremdendes fiel mir sofort auf: Alle Leute am Bahnhof waren warm angezogen – schwere Mäntel und dicke Handschuhe –, aber Schuhe trugen sie nicht. Merkwürdig, dachte ich, erkundigte mich nach meinem Hotel und stieg in die Straßenbahn.
Da sah ich es wieder: Niemand trug Schuhe. Auch im Hotel der Portier und der Liftboy – beide barfuß! Nun wurde ich neugierig und fragte: „Warum trägt niemand in dieser Stadt Schuhe?"

2. Spr.: „Ach ja", sagte der Hotelier, „warum eigentlich nicht? Das frage ich mich auch."

1. Spr.: „Glaubt ihr denn nicht an Schuhe?", fragte ich.

2. Spr.: „An Schuhe glauben!", antwortete er leicht verärgert. „Selbstverständlich glauben wir an Schuhe. Das ist der erste Artikel unseres Glaubensbekenntnisses. Ich glaube an Schuhe, heißt es. Und jedes Kind lernt es auswendig und weiß, dass Schuhe unentbehrlich sind! Ohne Schuhe kommt niemand aus; die Füße werden erfrieren, sie werden verletzt. Ohne Schuhe wäre das Leben unerträglich."

1. Spr.: „Warum tragen Sie dann aber keine Schuhe?", fragte ich ganz verwirrt.

2. Spr.: „Ach", sagte er etwas wehmütig, „das ist es eben – warum eigentlich nicht?"

1. Spr.: Später, beim Essen, lernte ich einen Mann kennen, der mir anbot, eine kleine Stadtführung zu machen, was ich dankbar annahm. Wir traten zusammen aus dem Hotel. Gegenüber lag ein riesengroßes Backsteingebäude. Er zeigte stolz darauf und sagte:

2. Spr.: „Das ist eines unserer schönsten und berühmtesten Schuhhäuser."

1. Spr.: „Ach", sagte ich, „werden da Schuhe gemacht?"

2. Spr.: „Ja – das heißt eigentlich nein", sagte er etwas verlegen. „Der Leiter ist ein sehr begabter Schuhanpreiser. Jede Woche redet er über Schuhe und warum man sie tragen soll. Neulich soll er einen so ausgezeichneten Vortrag über Schuhe gehalten haben, dass die Leute zu Tränen gerührt waren. Es war ergreifend!"

1. Spr.: Gerade in diesem Augenblick bogen wir in eine kleine Gasse ein und ich sah im Keller einen alten Mann, der Schuhe machte. Ich entschuldigte mich einen Moment, lief in den Laden und fragte den Inhaber, wie das komme, dass niemand Schuhe bei ihm kaufe.

2. Spr. „Niemand hier möchte Schuhe tragen", sagte er. „Sie reden nur davon."

1. Spr. Ich kaufte schnell etliche Paare und ging wieder hinaus zu meinem Begleiter. „Hier", sagte ich, „haben Sie Schuhe. Ziehen Sie die gleich an! Sie werden nie wieder ohne sie gehen wollen!" Er schaute mich ziemlich entsetzt an.

2. Spr.: „Danke schön", sagte er. „Vielen Dank, aber Sie verstehen uns nicht. Wissen Sie: Das tut man hier eben nicht."

1. Spr.: „Aber warum nicht?", schrie ich. „Warum um Himmels willen nicht?"

2. Spr.: „Ach", antwortete er mit dem gleichen verlegenen Lächeln wie vorher, „ach ja, warum? Das ist es eben – warum tun wir es nicht?"

Hugh Price Hughes, übersetzt von W. Graffam,
leicht gekürzt von Christina Senff

L.: Ja, warum tun wir es nicht?

Bußakt

1. Auch im dritten Jahrtausend Christentum gibt es noch viel Unheil in der Welt, weil es zu wenige wirkliche Christen gibt.
L.: Herr, erbarme dich!   Alle: Herr, erbarme dich!

2. Es gibt tolle Predigten und ausgezeichnete Vorträge über den christlichen Glauben und doch springt der Funke oft nicht über.
L.: Christus, erbarme dich!   Alle: Christus, erbarme dich!

3. In so vielen Schneefeldern unseres Lebens und über glühenden Kohlen verschiedener Prüfungen wären die „Schuhe des Glaubens" ein großer Vorteil. Aber wir ziehen sie oft nicht an.
L.: Herr, erbarme dich!   Alle: Herr, erbarme dich!

L.: Der mächtige Gott erbarme sich unser. Er gebe uns den Mut, die Schuhe des Glaubens anzuziehen, damit wir ohne Schaden den Lebensweg gehen und zu dir gelangen können.

Evangelium

Einmal sagte Jesus, und er sagt es jetzt zu uns: Ich bin der Weg, die Wahrheit und das Leben. – Wer mein Jünger sein will, der verleugne sich selbst, nehme sein Kreuz auf sich und folge mir nach. – Wie zu seinen Jüngern und zu Matthäus sagt Jesus auch zu uns: „Komm, folge mir nach! Trete in meine Fußstapfen!" (Joh 14,6; Mt 16,24; 9,9)

Sprechspiel

L.: Die Gruppe hat sich Gedanken gemacht über verschiedene Schuhe, die immer wieder Neues über unseren Glauben aussagen.
(Die Gruppe sitzt im Altarraum verteilt. Jede/r hat einen oder ein Paar der bezeichneten Schuhe dabei und steht auf, wenn er/sie seinen/ihren Text spricht. Eventuell kleben die SprecherInnen ihren Text auf den Schuh.)

1.: *(zeigt Kinderschuhe)*
Die ersten Schuhe schenken uns Eltern oder Großeltern. Sie geben dem Fuß Halt bei den ersten Gehversuchen. – So ist es auch mit dem Glauben: Eltern und Großeltern erzählen uns von Gott und Jesus Christus und beten mit uns.

2.: *(a zeigt Stiefel und b Sicherheitsschuhe)*
a: Stiefel schützen vor Nässe,
b: Sicherheitsschuhe vor Verletzungen.
a: Was kann nicht alles im Leben eintreffen, das auch unseren Glau-

ben herausfordert? Krankheit, Leid und der Tod eines lieben Menschen prüfen uns.

b: Zweifel und Gleichgültigkeit unserer Mitmenschen treffen uns bis ins Innerste.

3.: *(zeigt Bergschuhe)*

Bergschuhe haben Profil. In gefährlichen Situationen geben sie uns Halt und verhindern das Abrutschen. – In Prüfungen und Belastungen können wir leicht abstürzen: Da geben uns der Glaube und das Vertrauen auf Gott die nötige Sicherheit.

4.: *(zeigt Hausschuhe)*

Diese Hausschuhe sind bequem: Nach einem anstrengenden Tag erholen sich die Füße darin. – Auch unsere Seele braucht abends ein Bett. Stille und ein Gespräch mit Gott entspannen sie. Beides lässt Kraft schöpfen für den neuen Tag.

5.: *(a zeigt Stöckelschuhe, b Sandalen, c Turnschuhe und d sehr enge Schuhe)*

a: Es gäbe noch viele Vergleiche: hohe Absätze und unsicherer Gang als Gleichnis für alle, die mehr Glauben vorspielen als vorhanden ist oder überheblich auf die Frömmigkeit anderer schauen.

b: Ich wünsche uns Sandalen: offen für Neuerungen!

c: Ich wünsche uns Turnschuhe: bequem und doch gutes Profil; das kann heißen: nicht fanatisch, aber überzeugt und – treu bei der Sache.

d: Und vor allem nicht zu enge Schuhe: Sie verursachen Druckstellen und Blasen, wenn die Liebe nicht mehr hineinpasst!

Aktion bei Meditationsmusik

Wer seine positiven Erfahrungen mit dem Glauben auf die Umrisse eines Schuhs schreiben möchte, kann einem der Jugendlichen winken und sich Papier und Stift geben lassen. Einen Teil Ihrer anonymen Bekenntnisse möchten wir gleich vorlesen. Während der folgenden fünf Minuten Meditationsmusik können Sie überlegen und schreiben.

Vorlesen der Glaubensbekenntnisse

SprecherInnen stehen bereit, sichten die eingehenden Texte und lesen sie dann abwechselnd meditativ vor. Wir waren erstaunt, wie viele sich beteiligten. Hier eine Auswahl der geschriebenen Texte: meist Glaubensbekenntnisse der Älteren an die Jüngeren aus ihren Erfahrungen heraus!

– Leider bete ich nur am intensivsten, wenn es mir schlecht geht. Aber Glaube bedeutet für mich, darauf zu vertrauen, dass Jesus Christus mit mir geht.

- Ich möchte nicht mehr auf meine Glaubensschuhe verzichten, weil sie mir Geborgenheit schenken und mir wunderbare Menschen an die Seite gestellt haben.
- Es genügt mir zu wissen, dass ich nicht alleine auf dem Weg bin: Es gibt einen, der ständig für mich da ist, der auch auf holprigem Weg bei mir bleibt.
- Die „Schuhe" des Glaubens haben mir geholfen, eine verfahrene Lebenssituation zu meistern und den richtigen Weg zu finden.
- Glaube ist wie ein bequemer und unbequemer Schuh! Er bewahrt, trägt, schützt und hält einiges aus. Ich muss ihn pflegen, sonst zerfällt er, und ich stehe mit bloßen Füßen da!
- Ich bin dankbar, dass ich den Glauben der Eltern an die Kinder weitergeben kann – wie ein Paar gut gepflegte Schuhe.

Fürbitten

L.: Herr, unser Gott. Wir rufen zu dir, weil unsere Kräfte und guten Absichten nicht ausreichen:

1. Für alle, die aufgrund ihres Glaubens verfolgt oder von uns nicht anerkannt werden: Schenke ihnen den Mut, weiterhin ihre „Schuhe" zu tragen. – *Liedruf*

2. Hilf allen, die ihr Bekenntnis zu Gott fortgeworfen haben wie ein Paar alte Schuhe, weil sie von der Kirche enttäuscht sind oder auch, weil sie in unserer Gemeinde keine Liebe und Gemeinschaft gefunden haben: Lass sie an dir den nötigen Halt finden. – *Liedruf*

3. Für alle, die ihre „Schuhe" des Glaubens verloren haben und sich keine Mühe geben, sie wiederzufinden. – Schick ihnen Menschen, die sie auf den richtigen Weg bringen! – *Liedruf*

4. Für uns, dass wir unser Bekenntnis zu Gott immer gut pflegen, damit es uns ein Leben lang erhalten bleibt. – *Liedruf*

L.: Dann werden wir heil ankommen bei dir im ewigen Vaterhaus.

Meditation

(mit Hintergrundmusik meditativ sprechen)

1. Spr.: Schuhe des Glaubens. – Halt auf dem Weg zu Gott.
Mach uns frei von der Angst,
gegen eine Masse unterwegs zu sein.
Mach uns frei von unserer Gewohnheit,
meist den bequemsten Weg zu wählen.

Mach uns frei von unserer Gleichgültigkeit denen gegenüber, die mit uns unterwegs sind.

2. Spr.: Schuhe des Glaubens. – Hilfe auf dem Weg zu Gott:
Hilfe, um immer wieder neu auszuschreiten.
Hilfe, um unsere Mitmenschen zu begleiten.
Hilfe, um den Gipfel des Lebens zu erreichen.

1. Spr.: Herr, zeige uns den Weg!

2. Spr.: Und lass ihn uns, angetan mit den Schuhen unseres Glaubens, mutig und unbeirrt gehen bis zu seinem Ende, wo du uns als deine Kinder erwartest.

Eine Ministrantengruppe der Pfarrei St. Pankratius,
D-50126 Bergheim-Paffendorf

19. Geheimzeichen Fisch. Symbol Fisch

(Christsein)

Vorbemerkung

Das Wort „Fisch" heißt auf Griechisch „ichthys", christlich gedeutet: J = Jesus, CH = Christus, TH = Gottes, Y = Sohn, S = Erlöser. Wir übernahmen aber in der Predigtgeschichte den Versuch von Willi Fährmann, das Geheimsymbol „Fisch" etwas einzudeuten, damit Kinder (und Erwachsene) den Sinn leichter behalten.

Vorbereitungen

1. Eine Kindertafel und Kreide zum Aufzeichnen des Fisches und seiner Deutung (s. Predigt).
2. Fische zum Aufkleben bestellen bei (Stückpreis ca. DM 1,50; Euro 0,75): Firma Uljö, Im Ziegeleiweg 12, D-57627 Hachenburg, Tel. 0 26 62 / 95 46 -0, Fax - / 95 46 -20. (Auf Anfrage sagte die Firma: Vor ca. fünfzehn Jahren wurden diese Fisch-Symbole mehr von freikirchlichen Gemeinden gekauft; seit zehn Jahren von evangelischen Gemeinden und seit ca. sieben Jahren überwiegend von katholischen.) Eventuell können Sie den Kindern die Fische kostenlos abgeben.
3. Ein Aufklebe-Fisch zum Vorzeigen bei der Hinführung.
4. Vor dem Altar oder Ambo ein entsprechend groß gemalter oder gebatikter Fisch gemäß der Beschreibung in der Predigt.

Lesungen

Jes 6,1–2a.3–8: Hier bin ich, sende mich! Berufung des Jesaja;
Lk 5,1–11: Wir hören eine der Stellen, warum der Fisch zum Symbol für die Christen wurde.
Mk 1,14–20: Ich will euch zu Menschenfischern machen.

Predigt (mit symbolischer Geschichte)

L.: In Gedanken gehen wir fast zweitausend Jahre zurück und hören eine Begebenheit, die das Rätsel um das Geheimzeichen „Fisch" löst.

Erzähler = E.; Fremder = Fr.

E.: Geboren bin ich in Kolossä in der Türkei und dort aufgewachsen. Hier habe ich mein Handwerk gelernt. Von meinem Vater habe ich es gelernt. Aber eines Tages hat er zu mir gesagt: „Junge, mach dich auf und wandere in die Welt! Hinter den Bergen wohnen auch noch Leute, die etwas von Tuchmacherei verstehen." Tja, da bin ich losgezogen und heute erzähle ich von meinem wichtigsten Tag in Ephesus. Dort habe ich nämlich bei einem berühmten Tuchmacher gearbeitet. Ich habe eine Menge von ihm gelernt. Schließlich sagte er: „Hör zu, von mir kannst du nichts mehr lernen. Du musst weiterziehen. Aber ich habe eine Bitte an dich: Webe mir zum Abschied und zum Andenken an dich ein Tuch mit einem Fisch darin!"
Ich machte mich ans Werk. Mühsam, sage ich, mühsam war es! Das Schwerste war der Entwurf. Dann spannte ich die Kettfäden, webte ein hauchzartes Tuch. Und darin die Farben! Ein Fisch im sonnendurchfluteten Wasser! – Auf einmal steht ein Fremder hinter mir.

Fr.: *tritt hervor und fühlt das Tuch an.*

E.: Er tastet nach dem Tuch wie einer, der etwas von Tuchweberei versteht. „Ist was?", frage ich. Er schaut mich an und schweigt. Dann macht er mit einem Stück Kreide einen Fisch an die Wand – mit zwei Strichen. Nicht gerade kunstvoll.

Fr.: *malt einen Fisch an die Tafel.*

E.: Schließlich lacht er und sagt:

Fr.: Sagt dir das Zeichen nichts, der du den Fisch webst?

E.: Was soll es mir sagen? Ein Fisch ist ein Fisch, basta! – Er lacht wieder. Dann schreibt er Buchstaben untereinander.

Fr.: *malt die Buchstaben I CH T Y S an die Tafel.*

E.: Und weiter sagt er:

Fr.: Dieser Fisch ist ein geheimes Zeichen. Hast du es hier niemals gesehen?

E.: Da fällt es mir ein. Hier und da sah ich es neben einigen Haustüren gekritzelt. Meist waren es ärmliche Häuser. „Was bedeutet dieses Zeichen?"

Fr.: *tritt wieder an die Tafel, schreibt neben die Fischbuchstaben neue Wörter: Neben das F: Freund; neben das I schreibt er Jesus, neben das S: sucht und neben das CH: Christen.*

E.: „Freund Jesus sucht Christen", lese ich. Das ist wirklich ein Geheimnis!

Fr.: *lacht und sagt:* „Man kann auch sagen: Freund, Jesus, Sohn Gottes, Christus, Heiland."

E.: Wer bist du eigentlich?

Fr.: Mein Name ist Paulus. Ich reise als Missionar durch die Länder, um Jesus bekannter zu machen.

E.: Du sprichst große Worte. Wer ist dieser Jesus?

Fr.: Jesus ist die Antwort auf die Frage, ob alles aus und vorbei ist, wenn ein Mensch stirbt. Jesus ist die Antwort! Komm doch einmal dazu, wenn sich Christen treffen. (*Zeigt auf das Tuch:*) Jetzt hast du es begriffen. Ein Fisch ist mehr als ein Fisch!

E.: Damals bin ich zum ersten Mal dem Geheimnis des Zeichens Fisch begegnet. Später habe ich in meiner Heimatstadt das Fischzeichen an Türpfosten wieder gesehen. Sogar bei meinem alten Freund Silvanus war es so. Mit ihm habe ich viele Christen kennen gelernt. Und ich habe gespürt, wie gut es ist, wenn man mit diesen Menschen zusammensitzt, mit ihnen reden darf, zuhören kann, wenn einer erzählt oder vorliest. Wie wohl das tut, miteinander zu singen und auch zu beten. Ja, eigentlich ist es in einer Gemeinde, als ob sie Wasser wäre, in dem der Fisch fröhlich schwimmt.

Nach Willi Fährmann, Ein Fisch – Ein Fisch ist mehr als ein Fisch, aus, ders., Und leuchtet wie die Sonne, Echter Verlag, Würzburg 1986.
Rechte beim Autor

L.: Der Fisch war also das Geheimzeichen der Christen. In den Zeiten der Verfolgung war der Fisch ein Wegweiser für alle durchreisenden Christen, um den Weg in die unterirdischen Kirchen, in die Katakomben, zu finden. – Das im Rückblick.

Der Blick nach vorne ist für uns heute wichtiger: Wir brauchen Gemeinden mit einem Wasser, in dem Christen fröhlich schwimmen und jeder froh bekennt: Ja, ich gehöre zu Christus. Ich bin ein Christ!

Familienmesskreis St. Pankratius, D-50126 Bergheim-Paffendorf

20. Salz für die Erde. Symbol Salz
(Christsein – 5. Sonntag i. J. A)

Vorbereiten
Am Eingang erhält jeder ein Tütchen Salz.

Begrüßung und Hinführung
Wer einmal ins Heilige Land reist, sollte einen Abstecher zum Toten Meer nicht versäumen. „Tot" deswegen, weil sein hoher Salzgehalt kein Leben zulässt. Aber die 23% Salzgehalt haben einen Vorteil: Ich kann mich auch als Nichtschwimmer ins Meer wagen, weil ich nicht untergehe; ja, wie auf einer Luftmatratze im Liegen Zeitung lesen kann.
„Ihr seid das Salz der Erde", sagt Jesus heute. „Ihr seid wie Salz, das trägt."
Weil wir Christen aber oft nicht tragen – in der Gesellschaft und am Arbeitsplatz, in der Familie und Nachbarschaft –, sondern den einen oder anderen untergehen lassen, deshalb rufen wir: Herr, erbarme dich! …

Symbolische Geschichte
Wir hören ein Märchen, das in seinem Kern die Wichtigkeit des Salzes herausstellt.
Es war einmal ein König, der hatte drei Töchter, die er alle aufrichtig liebte. Nun wollte der König aber herausfinden, welche seiner drei Töchter ihn wohl am meisten liebte. Ihr würde er seine Krone geben. Er rief sie zusammen und fragte sie, wie ihre Liebe zu ihm beschaffen sei.
Die Älteste sprach: „Vater, ich liebe dich wie das Licht meiner Augen."
Die Zweite sagte: „Ich liebe dich so sehr, wie ich mein Leben liebe." Die Jüngste aber erklärte: „Vater, ich liebe dich wie das Salz."
Da schrie der König empört: „Hinweg aus meinen Augen, die du deinen Vater verspottest! Ich will dich nie wieder sehen."
So musste die jüngste Königstochter draußen als Dienstmagd bei fremden Leuten arbeiten. Aber weil sie tüchtig und fleißig war, kam sie bald zu Wohlstand und konnte sich einen herrlichen Palast bauen.
Zu einem großen Fest lud sie auch den König, ihren Vater, ein, der sie aber nicht erkannte. Als er von dem prächtigen Mahl kostete, schmeckte er, dass alle Speisen ungesalzen waren, und legte enttäuscht den Löffel hin. Auf die Frage der Gastgeberin, warum er die köstlichen Speisen verschmähe, antwortete der König: „Ungesalzen ist jede Speise ungenießbar. Salz ist das notwendigste Gewürz und wo es fehlt, fehlt alles."
Nun erhob sich die Gastgeberin lächelnd und sprach: „Lieber Vater, das meinte ich damals, als ich sagte, ich liebe dich wie das Salz."

Da geriet der König in höchstes Erstaunen. Er umarmte seine Tochter und schenkte ihr seine Krone und sein Reich.

Verkürzt nach einem Märchen aus Malta

Evangelium

Mt 5,13: Ihr seid das Salz der Erde.

Predigt

Zur Taufe gehörte früher (bis ungefähr 1970) die Zeremonie, dem Kind eine kleine Prise Salz auf die Zunge zu streuen. Damit wurde den Umstehenden der Auftrag Jesu klar: „Ihr seid das Salz der Erde." Wir dürfen mithelfen, die „Suppe der Menschheit" schmackhaft zu machen. Wir wollen jetzt das Salz auch einmal bewusst schmecken: Wir öffnen das Tütchen, feuchten den Zeigefinger an und kosten ein wenig Salz *(Zeit lassen)*. Spüren wir die Kraft des Salzes? Dann werden uns die Bedeutungen des Salzes klar:

1. *Salz gibt Geschmack.* Wie schmeckt eine Suppe ohne Salz, Brot ohne Salz, Pommes frites ohne Salz? Der König im Märchen legte enttäuscht den Löffel zurück: So sind Speisen kaum genießbar. Wir Christen *sollen* nicht nur Würze für diese Welt sein, wir *sind* es, wenn wir noch nicht schal sind. Und wo Christen nicht auf den Geschmack kommen, ganz mit Jesus und aus Jesus heraus zu leben, da werden sie von den Menschen und den Medien „zertreten", d.h. verachtet und nicht ernst genommen.

2. *Salz erhält Leben.* Wer an heißen Sommertagen nicht zusätzlich Salz zu sich nimmt, weil er wegen der Hitze viel davon ausschwitzt, der kann zusammenbrechen. Viele Menschen in den heißen Ländern Afrikas erkranken oder sterben oft nicht vor Hunger, sondern an Salzmangel.

3. *Salz bringt Eis zum Schmelzen.* Deshalb wird es bei Eis und Schnee auf verkehrsreiche Straßen und Wege gestreut. Es wirkt schnell (wenn es auch nicht gerade umweltverträglich ist und die Bäume am Straßenrand gefährdet) und lässt sofort auftauen. Dadurch vermindert es stark die Unfallgefahr!

Manchen hat sich ein Eispanzer aus Leid, Enttäuschung und Verbitterung ums Herz gelegt: Da grüßen sich Nachbarn nicht mehr, Schulkinder sind aufeinander eifersüchtig, Ehepartner begegnen sich mit eisiger Kälte.

Wenn Jesus uns mit Salz vergleicht, erwartet er, dass wir helfen, das Eis zu schmelzen. Da sagen wir Gutes vom Nachbarn weiter; da helfen sich Schulkinder untereinander; da entdecken Eheleute gegenseitig wieder liebenswerte Eigenschaften.

Salz für die Erde sein heißt: die Welt würzen, schmackhaft machen, Leben erhalten, Eis zum Schmelzen bringen.

Fürbitten

L.: Herr, unser Gott. Du sagst nicht: „Ihr *sollt* das Salz der Erde sein", sondern: „*Ihr seid* das Salz der Erde!" – Wir bitten dich:

1. Herr, es ist so viel Geschmacklosigkeit in der Welt: in Kriegen, Terror und Gemeinheiten. –
Hilf den Christen, sich an dir zu orientieren, um Würze für diese Welt zu sein. – *Liedruf*

2. Herr, die Herzen der Menschen sind oft mit einer dicken Eisschicht umgeben: Kälte zwischen Eheleuten, Eltern und Kindern, Nachbarn und Freunden. –
Lass die Christen wie Salz wirken, auflösend und aufbrechend, sodass die Eispanzer um die Seele sich lösen! – *Liedruf*

3. Herr, manchmal sind wir erschlagen von den schlechten Nachrichten, trauen uns selbst nichts mehr zu, sind wie gelähmt. –
Mach uns bewusst, dass wir das Salz der Erde sind, das reinigt und Leben schenkt. – *Liedruf*

L.: Denn dann erfüllen wir deinen Auftrag, durch Christus, unseren Herrn.

Meditation

1. Spr.: Salz ist Würze und gibt den rechten Geschmack.
Herr, du nennst uns das Salz der Erde, Würze für die Welt.
Würze, die dem Verzweifelten wieder Geschmack am Leben gibt,
denn eine Prise Freude bewirkt so viel!
Was bewirken wir erst,
wenn wir andere auf den Geschmack bringen,
mit dir zu leben!

2. Spr.: Salz trägt und lässt uns nicht so schnell untergehen.
Herr, du nennst uns das Salz der Erde, Stütze für diese Welt,
tragenden Grund für alle, die unterzugehen drohen,
weil sie mit ihren Problemen nicht fertig werden.
Um wieviel weniger drücken Probleme,
wenn wir anderen tragen helfen!

1. Spr.: Salz erhält Leben.
Herr, du nennst uns das Salz der Erde,
Lebenserhalter für diese Welt.

Leben erhaltend für alle, die sich aus Mangel an Liebe
und Anerkennung immer mehr zurückziehen.
Wieviel schöner ist das Leben durch ein liebes Wort zur rechten
Zeit!

2. Spr.: Salz lässt Eis schmelzen.
Herr, du nennst uns das Salz der Erde, Taumittel für diese Welt.
Auflösend und auftauend, wo Eispanzer
die Herzen der Menschen umschließen.
Wie befreiend kann es sein,
wenn einer den ersten Schritt zur Versöhnung wagt!

Familienmesskreis St. Pankratius, D-50126 Bergheim-Paffendorf

21. Auf den Blick kommt es an. Symbol halb volle Flasche
(Christsein)

Hinweis: Wählen Sie bitte unter den Kurzgeschichten aus, damit eine
der anderen nicht die Wirkung nimmt.

Mitbringen
Eine große Weißglasflasche, genau halb voll mit gefärbter Flüssigkeit,
gut sichtbar platzieren.

Begrüßung und Hinführung
Sehen Sie die halb gefüllte Flasche hier vorne im Altarraum? Was meinen Sie: Ist sie halb voll oder halb leer? Auf den Blick kommt es an!
So gibt es viele Leute, die noch viele Jahre, nachdem sie zu uns gezogen
sind, behaupten: „Mit denen kann man nicht warm werden. Da kommt
man nicht rein!" Und andere sagen: „Ich habe hier liebenswürdige Nachbarn gefunden. Ich fühle mich hier richtig wohl!"
Ob es auch hier auf den positiven Blick ankommt?

Symbolische Geschichte
1. Spr.: Ein Mann kam in ein Dorf, in dem, wie überall erzählt wurde,
wunderschöne Gärten waren, große und kleine, vornehme und
einfache. Der Mann, mit seinem eigenen Garten nicht mehr zufrieden, wollte sich in diesen Gärten einmal umsehen. Vielleicht,
so dachte er, kann ich dieses und jenes dann in meinem Garten
verändern.
Am Eingang des Dorfes saß ein sehr alter Mann, der verständig

und weise aussah. Ihn fragte er, wie er es anstellen müsse, einen der Gärten zu besehen, um derentwillen das Dorf so berühmt sei. Der alte Mann winkte einen seiner Söhne herbei und dieser führte ihn in einen großen Garten.

2. Spr.: Als sie den Garten betraten, sagte der Sohn: „Die Gartenpforte muss erneuert werden", und zeigte auf einige unschöne, schadhafte Stellen. „Und die Wege sind reichlich ausgetreten und müssten geebnet werden."
Vor einem Rosenstrauch blieb er nachdenklich stehen: „Seht ihr die Blattläuse? Er wird kaum überleben. Und das Gewächs dort hinten an der Mauer, es wird wohl auch eingehen. Die Wurzeln sind befallen und nehmen das Wasser nicht mehr auf. Wir können gießen, so viel wir wollen, es hilft nicht mehr."
Der Sohn zeigte ihm noch manches, was nicht in Ordnung war. Es schien ein kranker Garten zu sein und der Mann überlegte, warum man ihn gerade in diesen Garten geführt hatte.

1. Spr.: Enttäuscht berichtete er dem Alten vom schlechten Zustand des Gartens und fragte ihn, ob er nicht einen anderen sehen könnte. Der weise Alte winkte einen anderen seiner Söhne herbei. Dieser führte den Mann in einen Garten, der ihm wohl gefiel.
Der zweite Sohn sagte: „Seht hier, diese Kletterrose", und er zeigte auf den Bogen über der Gartenpforte, „sie blüht das ganze Jahr. Es gibt keine andere Kletterrose im ganzen Dorf, die so viele Blüten treibt. Und dort, der Mandarinenbaum – er trägt die süßesten Früchte!" Er gab dem Mann eine reife Frucht von köstlichem Aroma, die ihm wohl schmeckte. „Dieses Beet haben wir neu angelegt. Vor einigen Tagen haben wir die Samen in die Erde getan. Es werden Blumen wachsen, große, weiße, mit starkem Duft, ähnlich wie die blauen dort an der Mauer. Die ersten Sprossen kommen schon. Seht ihr sie? Und dort ist unser Brunnen! Schaut nur, wie tief er ist. Noch nie hat es uns an Wasser gefehlt."

2. Spr.: So führte dieser Sohn den Mann durch den Garten und zeigte ihm all seine Schönheiten. Begeistert berichtete der Mann dem Alten von allem, was er in diesem Garten gesehen hatte, und bedankte sich. –
Der Weise lächelte nur und fragte: „Habt ihr nicht gemerkt, dass ihr in ein und demselben Garten gewesen seid?"

Renate Schubert, Durch viele Welten wandern wir.
Bilder auf einem jüdischen Friedhof.
© Verlag am Eschbach, Eschbach/Markgräflerland 1997

Lesungen

Röm 12,9–21: Der positive Blick übertrifft den anderen in gegenseitiger Achtung;

Lk 7,36–50: Jesus spricht die Sünderin auf ihre positive Seite an, während die Gäste nur das Negative sehen;

Lk 19,1–10: Jesus begegnet Zachäus positiv, während die anderen wegen dessen Verfehlungen von ihm abrücken.

Predigt

Wie unterschiedlich die Umgebung wahrgenommen werden kann, machte uns die Geschichte von den zwei Gärten klar. Manchmal fällt es uns wie Schuppen von den Augen.

Oft ist es nicht so leicht, uns selbst auf die Schliche zu kommen. So regt uns manches in unserer unmittelbaren Umgebung auf, was nicht sein müsste, wenn wir unseren eigenen Blickwinkel überprüfen würden. Anhand eines Beispiels verstehen Sie mich besser. Es ist nur ein Gleichnis für das, was uns auf vielen Ebenen unterlaufen kann:

Da regte sich eine Frau über die Wäsche der Nachbarin auf, die doch eher grau als weiß auf der Wäscheleine hing. Jedesmal war sie Gesprächsthema mit den unterschiedlichsten Mutmaßungen. Als nach Jahren das ganze Haus der Frau gründlich renoviert wurde und dabei auch Wärme dämmende Scheiben in die Fensterrahmen eingesetzt wurden, war die Überraschung perfekt: Die Wäsche der Nachbarin war jetzt weiß, schneeweiß: Die schlechte Qualität des Fensterglases hatte alle Verdächtigungen verursacht.

Symbolisch gesagt: Das Verhalten eines anderen Menschen verändert sich unter Umständen nicht, vielmehr muss ich die Qualität *meiner* „Fenstergläser" ändern, mit denen ich ins Leben hinausschaue (vgl. „Kurzgeschichten 5", Nr. 166).

Jesus zeigt uns im Evangelium, wo es für einen Christen langgeht. Die Gäste im Haus des Pharisäers tragen dunkelgetönte Brillen, die nur die eigenen Mutmaßungen widerspiegeln. Ein Mensch hat sich noch nie geändert, solange er auf seine negativen Seiten angesprochen wird. Jesus schaut auf die Liebe der Frau und spricht das Positive in ihr an. Das verändert. Das gibt Mut zu einem neuen Anfang. Auf den Blick (und die Worte und die Tat) kommt es an!

Fürbitten (bitte auswählen)

L.:   Wir bitten den Herrn des Himmels und der Erde um seinen Segen:

1. Spr.: Für alle in Staat und Kirche, die mit ihren besten Kräften der Welt dienen. – *Liedruf*

2. Spr.: Für alle, die darauf vertrauen, dass Gott auf krummen Zeilen gerade schreiben kann. – *Liedruf*

1. Spr.: Für alle, die mit positiven Gedanken, Worten und Werken sich gegen Teufelskreise stemmen. – *Liedruf*

2. Spr.: Für alle, die immer zuerst das Negative sehen und die Flügel ihrer Seele hängen lassen. – *Liedruf*

1. Spr.: Für alle Bewährungshelfer und Menschen in dienenden Berufen. – *Liedruf*

2. Spr.: Für uns selbst, die wir hier unseren Blickwinkel an Jesus orientieren sollten. – *Liedruf*

L.: Herr, wir wissen oft nicht, was wir tun können. Aber unsere Augen richten wir auf dich und vertrauen auf deine Hilfe durch Christus, unseren Herrn.

Meditation

1. Spr.: Es war einmal ein junges Fohlen, das auf seiner Weide unzufrieden wurde. Es tat nur noch das, wozu es Lust hatte, moserte an allem herum und verachtete schließlich das ganze Tal.

2. Spr.: Darum sagte es zu seinem Vater: „Ich muss hier raus! Wenn ich hier weiterleben muss, werde ich krank. Die Luft ist zu stickig. Der Bach so schmutzig. Und das Gras bekommt mir nicht."

1. Spr.: Da zog der Vater mit dem Fohlen vom Tal den Berg hinan. Über steinige, steile Pfade erreichten sie einen hohen Bergrücken. Der Wind blies kalt und hier wuchsen nur zähe Kräuter. Das Fohlen wurde zusehends kraftloser. Am dritten Tag konnte es kaum noch ein Bein vor das andere setzen.

2. Spr.: Da führte der Vater das Fohlen auf einem anderen Weg zurück ins heimatliche Tal. Erst in der Nacht kamen sie an. Kaum fühlte das Fohlen das frische, weiche Gras unter den Hufen, da wieherte es vor Freude: „Vater, hier bleiben wir. Noch nie habe ich so duftendes Gras gefressen!"

1. Spr.: Da begann der Morgen zu dämmern. Verwirrt erkannte das Fohlen das alte Tal und wagte nicht, den Vater anzusehen.

Vgl. „Kurzgeschichten 4", Nr. 171

22. Ein unsichtbares Netz. Symbol Netz
(Zusammenlegung von Pfarrgemeinden)

Vorbemerkung

1. Wegen des Priestermangels werden in der katholischen Kirche im deutschsprachigen Bereich – und darüber hinaus in Europa – immer mehr Kirchengemeinden zusammengelegt. Das führt nicht selten zu erheblichen Auseinandersetzungen, wenn Pfarreien jeweils für sich möglichst viel „herausschlagen" möchten. Nachfolgender Entwurf kann im Vorfeld einer solchen Zusammenlegung, aber auch zu deren Beginn, gute Dienste leisten.
2. Vor dem Gottesdienst werden Eltern mit jüngeren Kindern gebeten, schon einmal das Aneinanderknoten zweier Fäden zu üben.

Vorbereitungen

Für jede/n GottestdienstteilnehmerIn liegt ein ca. 1,20 m langer dicker Wollfaden in roter Farbe bereit, der beim Eintreten überreicht wird. Auf etlichen Bänken in der Kirche liegen auch Scheren, um später beim Lösen der Knoten eventuell auch Fäden durchschneiden zu können.

Hinführung

Jede Kirchengemeinde müsste wie ein unsichtbares Netz sein, damit kein Mensch hindurchfällt. Jede und jeder wird durch die Taufe hineingeknotet, aber auch alle, die neu zuziehen oder sich unserer Gemeinde anschließen. Die „Knoten" dieses Netzes müssen in jeder Straße angesiedelt sein: Sie achten auf die Neuzugezogenen und begrüßen sie; sie besuchen Schwerkranke. Am Samstag und Sonntag findet immer ein kleines Fest statt; denn in der Kirche beim Gottesdienst sehen wir einen Teil des unsichtbaren Netzes deutlicher.

Aktion

Wir knüpfen jetzt unsere Wollfäden nach vorne, hinten und zur Seite zu einem Netz zusammen.

Orgelmusik von ca. 2 bis 3 Minuten während dieser Zeit.

Symbolische Kurzgeschichte

Einleitung: Wir hören eine Geschichte, die uns auf die Schwierigkeiten eines guten Netzes aufmerksam macht.

Spr.: Es gab einmal eine Gemeinde, die versuchte, wie ein unsichtbares Netz unter allen Häusern und um alle Straßen der Pfarrei zu
sein, damit niemand hindurchfällt. Das ging auch lange gut, weil
viel guter Wille vorhanden war. Selbst verbrauchte Fäden im
Netz ließen sich durch neue ersetzen und lockere Knoten fester
knüpfen.

Aber eines Tages waren die Fäden und Knoten des Netzes selbstbewusst und anspruchsvoll geworden, manche auch eigensinnig.
Da konnte man dann Folgendes hören: „Wir Fäden hier am Rand
sind ohnehin die wichtigsten", meinten einige. „Mir passt die
Verknüpfung nach links und rechts gar nicht", maulten andere
und lösten sich.

Dann tönte der Ruf: „Netze sind ,out'! Angeln ist ,in'!" – Viele Fäden lösten sich und versuchten es im Alleingang.

Nun wies das Netz bedenkliche Lücken auf. Da warfen die stär-
keren Fäden und Knoten den schwachen Unfähigkeit vor und
ließen sie los. Die Müden forderten öfter eine Pause, aber die
Unermüdlichen drängten sie ständig. Die Leisen störten sich an
den Lauten und die Stillen rieben sich an denen, die sich in den
Vordergrund drängten. Die neuen Fäden und Knoten bean-
spruchten bestimmte Plätze, die alten hingegen pochten auf Vor-
rechte. Schließlich wollten sie auch nicht mehr lediglich ein Faden oder Knoten im Netz sein ...

(Stille)

Aktualisierung und Übertragung der Kurzgeschichte

(Hier müssten jetzt genau die Schwierigkeiten aufgezählt werden, die
anstehen. Stilmittel: Die „Fäden und Knoten" der einen Pfarrei unterhalten sich mit denen der anderen. Im Folgenden ein Beispiel, das die
Richtung andeutet. Optimal wäre es, daraus einen Dialog für zwei SprecherInnen zu machen.)

Damit das Gehörte nicht zu allgemein klingt, lasse ich einmal Fäden und
Knoten aus den Gemeinden A und B in diesem Netz miteinander sprechen. Gemeinde B sagt: „Wenn wir von je zwei Gottesdiensten am Samstag und Sonntag nur noch einen behalten dürfen, dann möchten *wir* aber
bestimmen, welcher Gottesdienst das ist. Und wir fordern die Samstag-
vorabendmesse um 17.30 Uhr, die dann bei euch ersatzlos gestrichen
werden müsste."

Darauf Gemeinde A: „Unsere Kirche ist sehr klein, so dass wir weiterhin
am Samstag *und* Sonntag jeweils eine hl. Messe brauchen; alle Besuche-
rinnen und Besucher auf einmal fasst sie nicht. Und die dritte Kirche im
Stadtteil C kann auch nicht viel mehr Teilnehmerinnen und Teilnehmer

aufnehmen. Darüber reden wir noch mal! Aber es ist doch klar, dass Ihr an Fronleichnam zur Prozession in unseren schönen Schlosspark kommt und wir nicht nach B müssen!"

Darauf wieder die Gemeinde B: „Dann bekommen wir aber an Heiligabend die 22 Uhr-Christmette, denn die gehört jetzt in die größte der drei Kirchen und das ist nun mal die Gemeinde B!"

Die Fäden und Knoten aus Gemeinde A: „Dann halten wir aber die Erstkommunion am Weißen Sonntag!"

Die Gemeinde B: „Das geht nicht, wir haben für die Feier bereits die Gasthäuser festgemacht! Wir hielten die Erstkommunion bisher *jedes* Jahr am Weißen Sonntag! Ihr aber seid schon flexibler, weil sie bei euch nur alle zwei Jahre auf diesen Termin fällt. Dann zeigt jetzt mal diese Flexibilität! – Und übrigens gehört der Pfarrer mit seinem Wohnsitz ins größere Dorf – das ist nun mal B! Es ist mit 1600 Katholiken um die Hälfte größer als A und auch größer als Ortsteil C, die beide jeweils nur gut tausend zählen!"

Die Gemeinde A: „So wohnt aber doch der Pfarrer in der Mitte! Und übrigens, zu den Taufgesprächen könnt ihr auch zu uns kommen!"

Die Gemeinde B: „Dann möchten wir aber, dass unsere Kinder wie bisher mit zwölf Jahren zur Firmung gehen – mit 17 Jahren, wie bei euch, ist es doch viel zu spät bei diesen Jugendlichen heutzutage ..."

Und sie stritten sich und stritten sich ... bis das zu knüpfende Netz ... ja, was passiert, wenn sich auf beiden Seiten keine Einsicht zeigt?

Lied
Jeder knüpft am eignen Netz: „Troubadour" 261 (alt 52), 1. und 3. Str.

Evangelium
Einleitung: Wir stehen mit dem geknüpften Netz auf und hören auf den, der es mit starken Armen halten will. – Aus dem hl. Evangelium nach Johannes:
Einmal sagte Jesus, und er sagt es jetzt zu uns: „Bleibt mit mir verbunden! Bleibt in mir, dann bleibe ich in euch! Es ist wie mit den Reben am Weinstock: Wer in mir bleibt und in wem ich bleibe, der bringt reiche Frucht; denn getrennt von mir könnt ihr nichts vollbringen!" (Nach Joh 15,4.5).
Nachwort: Herr, durch diese Worte lass unser Vorhaben gelingen.

Oder: Joh 17,20–23.26: Alle sollen eins sein.
Oder: Sie äußern sich zu der Stelle Joh 21,11: Aber das Netz riss nicht, obwohl es so viele waren.

Kurzpredigt

Die Farbe der Wollfäden ist nicht zufällig rot. Rot ist die Farbe des Heiligen Geistes, die Farbe von Pfingsten. Der Geist Gottes möchte uns aus erstarrtem, kleinkariertem Denken herausführen. Wer sich von ihm erfüllen lässt, wagt ungewohnte, neue Bahnen.
Rot ist auch die Farbe der Liebe. Liebe kann teilen und geben. Und plötzlich spüren wir, wie wir zurückbekommen und gewinnen.
Nur im Geiste Gottes und mit Liebe kann das Netz gelingen.

Lied zum Credo

Wir heben jetzt das Netz hoch über unsere Köpfe und versuchen, es über den Mittelgang und die Seitengänge hinaus zu spannen; dazu können wir auch die Hände nehmen. Wir schauen uns das schöne Bild gründlich an, prägen es uns ein. Wir singen zu dem, der uns bei unserem Tun begleiten will und unser Netz mit starken Händen hält:

/: Herr, ich glaube, ja, ich glaube. Amen. Amen. :/
(Dieser Refrain wird als zweistimmiger Kanon auf die Melodie gesungen: „Danke, Vater, für die Gaben. oder: Segne, Vater diese ... Amen. Amen.")

Wir schauen noch einmal auf das geknüpfte Netz über uns und lassen es jetzt sinken.

Fürbitten

L.:   Wir rufen zu dem, der unser Netz hält:

1. Spr.: Für alle, die bei ihrem Einsatz in der Gemeinschaft ganz auf Gott vertrauen. – *Stille oder Liedruf*

2. Spr.: Für alle, die sich selbstlos einspannen lassen. – *Stille oder Liedruf*

1. Spr.: Für alle, die um der Tragfähigkeit des Netzes willen auch Begrenzungen akzeptieren. – *Stille oder Liedruf*

2. Spr.: Für alle, die mit dem Netz einer Pfarrgemeinde nichts mehr zu tun haben wollen. – *Stille oder Liedruf*

L.:   Denn dann loben und ehren wir dich, unseren Schöpfer und Erlöser, durch Christus, den Herrn der Kirche.

Gabenbereitung

Wir setzen uns und lösen das Netz wieder auf. Wir geben uns Mühe, die Knoten einzeln aufzuknüpfen ... Nur für den Notfall liegen die Scheren aus. Während wir uns bemühen, spielt die Orgel, und die Ministranten und Ministrantinnen helfen, den Altar zu bereiten.

Orgelmusik von ca. 2–3 Minuten; danach eventuell

Meditation

1. Spr.: Ich träume von einer Gemeinde,
    deren Netz jeden einknüpft, der darum bittet;
    die aber nicht gereizt reagiert,
    wenn einer uninteressiert vorbeigeht.

2. Spr.: Ich träume von einer Gemeinde,
    die sich nicht pharisäerhaft erhaben fühlt über Menschen,
    die ihr bewusst den Rücken kehren;
    sondern die missionarisch etwas wagt,
    um dem heutigen Menschen von ihrem Glauben zu erzählen.

1. Spr.: Ich träume von einer Gemeinde
    als einem Ort der Menschlichkeit,
    wo man sich geschwisterlich die Hände reicht;
    wo auch Gescheiterte, Beladene und Erfolglose willkommen sind.

2. Spr.: Ich träume von einer Gemeinde,
    die etwas vom befreienden Gott spürbar macht;
    die Freude ausstrahlt, so dass Schwermut
    und Traurigkeit sich verflüchtigen.

Weitere symbolische Geschichten finden Sie in meinen Kurzgeschichtenbüchern 1–6 und „In Geschichten das Leben spiegeln. 140 Geschichten mit Anregungen für Gottesdienst, Schule und Gruppe", Matthias-Grünewald-Verlag, Mainz

Die Verhaltensforschung hat herausgefunden, dass sich beim Menschen nichts tiefer in die Sinne einprägt als das Tun selbst. Im Spiel und Tun merke ich mir Zusammenhänge bis zu 90 Prozent. Darum ist das Spiel nicht nur für die GottesdienstteilnehmerInnen einprägsam, es übt auch einen günstigen Einfluss auf die Darsteller aus.

Ein Beispiel: Vielleicht hat ein Kind in einem Krippenspiel den Josef gespielt, der zwar laut Bibel kein Wort sagt, aber bei der Herbergssuche aktiv werden kann. Wahrscheinlich wird sich der Spieler oder die Spielerin auch noch mit siebzig Jahren gut daran erinnern und stolz darauf sein: „Damals habe ich den Josef gespielt." Oder auch: „Damals habe ich die Maria gespielt." Er/sie hat es nicht vergessen, weil er/sie als Kind oder Jugendlicher hier seine ganze Existenz einbrachte, *ganz* Josef, *ganz* Maria war.

23. Hinter den Sternen
(Advent / Gott / Gottes Liebe)

Lesungen
Ps 8: Seh ich den Mond und die Sterne, die du befestigt, was ist der Mensch, dass du dich seiner annimmst?
Mt 11,25–30: Ich preise dich Vater, Herr des Himmels und der Erde.

Gespräch zwischen einem Kind (= K.) und einem Erwachsenen (E.)
K.: Was kommt eigentlich hinter den Sternen?
E.: Andere Sterne.
K.: Und hinter den anderen Sternen?
E.: Noch andere Sterne.
K.: Hört das nie auf?
E.: Doch. Irgendwo hört das auf.
K.: Ist denn das Weltall nicht ganz groß?
E.: Das Weltall ist ziemlich groß. Aber ganz groß ist nur Gott.
K.: Komisch. – Ist Jesus eigentlich Gott?
E.: Ja. Warum?
K.: Weil er so klein ist.
E.: Das sieht nur so aus. Jesus ist der Größte.
K.: Das versteht kein Mensch.

E.: Verstehen kann ich das auch nicht. Aber ich spüre, dass es so ist. Manche Leute, die sich unheimlich aufspielen, sind doch in Wirklichkeit armselige Würstchen. Das hast du sicher auch schon gemerkt. Oder nicht?

K.: Na klar! Angeber sind meistens doof.

E.: Siehst du, und auch der umgekehrte Fall gilt: Ob einer wirklich groß ist, erkennt man nicht immer auf den ersten Blick.

K.: Du meinst also wirklich, Jesus könnte noch größer sein als das Weltall?

E.: Ja. Man darf sich da nur nicht täuschen lassen. Wenn du in der Klasse jemanden, der nicht viel von Gott weiß, fragen würdest, was denn größer sei – das Weltall oder das kleine Kind in der Krippe – was würde der wohl antworten?

K.: Ich tippe mal auf Weltall.

E.: ... und das wäre doch falsch. Warum hält denn Jesus wohl auf vielen Bildern eine Weltkugel in der Hand? – Weil Gott die Welt trägt.

K.: Du weißt aber auch die unmöglichsten Sachen.

E.: Das Wichtigste über Jesus und Gott und das kleine Kind und das Weltall und die Menschen und über jeden Einzelnen von uns habe ich dir aber – glaube ich – noch gar nicht gesagt.

K.: Und das wäre?

E.: Was uns alle zusammenhält – das Weltall und Gott und die Menschen –, ist die Liebe Gottes zu uns Menschen – und natürlich auch zu seinem Weltall.

K.: Können wir das Thema jetzt abhaken?

E.: Nur für heute! Das Thema Gott kann man nicht abhaken.

Heinz Baltes, in: Essener Adventskalender 1999

24. Angepasst? – Symbol Chamäleon
(Christsein)

Vorbemerkungen
1. Den jüngeren Kindern sollte vorher gesagt werden, was ein Chamäleon ist: Ein Reptil (mit Eidechsen verwandt), das in warmen Regionen der Erde lebt, bevorzugt in Steppen- und Wüstengebieten. Neben vielen besonderen Eigenschaften kann es sich immer wieder hervorragend der Farbe der Umgebung angleichen, um unerkannt zu bleiben.
2. Am Ende des Spiels legt sich die Person in Blau (siehe Vorbereitung) nicht auf einen bestimmten christlichen Weg fest. Die Vorbereitungs-

gruppe war der Meinung, bis ca. 16 Jahre sei die Begleitung der Eltern/Erwachsener ungeheuer wichtig, um einen eigenen Standpunkt zu finden, aber dann muss der junge Mensch seinen eigenen Weg finden.

3. Mit diesem Gottesdienst sollte grundsätzlich auf das Problem des mangelnden Profils und Rückgrates hingewiesen werden. Wie das dann im Einzelnen auszusehen hat, müsste für jede Situation wieder neu erarbeitet werden. Darum ist die Vorbereitungsgruppe nicht näher darauf eingegangen.

Vorbereitung

Je zwei gelbe, rote, schwarze, blaue Umhänge (z.B. gefärbte Betttücher). Schminke und Watte zum Auftragen und Abschminken.

Hinführung

Nur tote Fische schwimmen mit dem Strom – mit dem Strom des Zeitgeistes, der Modeerscheinungen, der Masse. Schwimmen wir dagegen? Wie denn?

Anspiel

Eine/r zieht einen weißen Umhang um und wird weiß geschminkt. Währenddessen zwei SprecherInnen:

1. Spr.: Ein Mensch wird geschminkt. Dick wird die Farbe aufgetragen.
Der Mensch bekommt ein anderes Gesicht.
Ist er deswegen auch schon ein anderer Mensch?

2. Spr.: Manche glauben, dass man so mit dem Menschen umgehen müsse. Wenn man möglichst hartnäckig auf ihn einrede, werde er es schon glauben. Wenn man ihn mit Verboten und Vorschriften bearbeite, werde er sich schon ändern.

1. Spr.: Aber die Freiheit, die wir vertreten, ist uns oft von anderen vorgesetzt und aufgedrängt worden. Wir stehen unter dem Diktat und dem Zwang der modernen Gesellschaft.

2. Spr.: Ein Mensch wird geschminkt.
Ein Mensch wird manipuliert.
Ein Mensch bekommt ein anderes Gesicht.
Ist er deswegen schon ein anderer Mensch?

Jetzt spricht *der/die weiß Geschminkte:*

Man passt sich an.
Man fällt nie auf.
Man kommt nicht mit seinen Eltern oder Kindern aus.
Man raucht, trinkt, hascht.
Man verzichtet auf eigene Initiative, Phantasie und Urteilsfähigkeit.
Man hat viele Freunde.
Man verzichtet auf seine Eigenheit.
Man ist nur scheinbar frei.
Man ist kein freier Mensch.

Der/die ihn/sie geschminkt hat, sagt darauf:
Aber wir alle wollen frei sein.
Wir wollen nicht manipuliert werden.
Wir vertreten unsere eigene Meinung.
Wir zeigen unser eigenes Gesicht.
Wir wollen nicht tun, was *man* tut.
Wir wollen frei sein.
Darüber wollen wir in diesem Gottesdienst nachdenken.

Spiel
Vier Personen in verschiedenfarbigen Gewändern halten in gleicher Farbe noch jeweils ein Gewand bereit.

SprecherIn:
Es war einmal ein Chamäleon, das wie alle anderen Chamäleons die Fähigkeit besaß, seine Farbe zu verändern und sich seiner Umgebung anzupassen. Eines Tages setzte ein Mann ein Chamäleon in seinem Arbeitszimmer auf einen bunten Teppich. Die Farben des Teppichs machten auf das Tier einen tiefen Eindruck: Solch eine Farbzusammenstellung hatte es noch nicht erlebt! Dann begann es, sich mit den Farben vertraut zu machen, ja, es hegte den Wunsch, sich unbedingt diesen Farben anzugleichen. Das war beileibe nicht einfach! Stundenlang mühte sich das Chamäleon ab, um gleichzeitig bei sich die verschiedenen Farben der einzelnen Quadrate des Teppichs anzulegen. Aber es gelang ihm nicht. Und was geschah? Das Tier starb an Überanstrengung. – *Stille* Chamäleons wie dieses gibt es auch unter Menschen. Sie versuchen, sich überall anzugleichen.

Eine normal gekleidete Person
macht sich sehr langsam auf den Weg – unentschlossen, suchend, auch gelangweilt. Sie kommt an einer gelb gekleideten Person vorbei.

Die gelb gekleidete Person spricht sie/ihn an:
He, du leidest unter Stress, unter Leistungsdiktat! Das sehe ich dir an.
Da hilft nur eins: Aussteigen! Lass dich doch nicht von deinen Lehrern
verschleißen. Die Hälfte reicht auch! Geh zur Sonnenbank oder treibe
endlos Sport. Da triffst du auf coole Leute! Mach's wie ich!
Gelb Gekleidete/r reicht der normal gekleideten Person ein gelbes Ge-
wand; diese legt ihre Oberkleidung ab, zieht das gelbe Bettuch um und
geht weiter.

Eine rot gekleidete Person spricht ihn/sie an:
Du siehst aber gelangweilt aus! Bestimmt, weil du dich nicht auslebst!
Hast du's schon einmal mit Sex probiert? Das bringt es wirklich. Mach,
was dir Spaß macht! Die Moralprediger sind nur neidisch, weil du leben
willst. Lebe den Tag! Und zwar das pralle Leben! Mach's wie ich!
Die/der gelb Gekleidete überlegt, zieht dann das gelbe Gewand aus und
das dargereichte rote an und geht weiter.

Eine schwarz gekleidete Person spricht ihn/sie an:
Du siehst ja stinknormal aus! Hast du keine Sehnsucht nach dem wirklichen Glück? Das geht nur, wenn du in höheren Sphären schwebst. Liebe das Unheimliche! Steig aus und vertraue dem Dämonischen! Das
bringt's! Mit ein paar Spritzen bist du dabei!
Der/die rot Gekleidete überlegt, zieht dann das rote Gewand aus und das
angebotene schwarze an und geht weiter.

Eine blau gekleidete Person spricht ihn/sie an:
He, alles Irrwege, die dir da angeboten werden. Geh auf den Tripp *nach*
innen! Komm mit in unser Paradies. Lies die Schriften des „Gesandten".
In unserer Gemeinschaft wird dir nie langweilig. Tag und Nacht stützen
wir uns gegenseitig. Hier findest du deine Mitte. Hier wirst du glücklich!
Der/die schwarz Gekleidete überlegt, zieht dann das schwarze Gewand
aus und das angebotene blaue an. Dann dreht er/sie sich um und schaut
überlegend den Mittelgang entlang. – Schließlich wirft er/sie das blaue
Gewand ab, holt sein/ihr normales, zieht es an und geht nun festen Schrit-
tes selbstbewusst zum Ausgang – wie eine/r, der/die gefunden hat. – So-
bald er/sie losgeht:

SprecherIn:
Entdecke *dein* Gesicht! Entwickle *deinen* Standpunkt!
Geh *deinen* Weg! Damit du nicht an Überanstrengung stirbst.

Evangelium nach Markus

(Die Klammern = nicht direkte Evangelienworte; bitte mitlesen oder von einer anderen Stimme lesen lassen)
Einleitung: Jesus greift ein. –
Einmal ging Jesus in Kafarnaum in die Synagoge. Da saß ein Mann, der von einem unreinen Geist besessen war *(er war ein Gefangener seiner selbst)*. Der begann zu schreien: „Was haben wir mit dir zu tun, Jesus von Nazaret? Du bist gekommen, um uns ins Verderben zu stürzen. Ich weiß, wer du bist: der Heilige Gottes!"
Da drohte ihm Jesus: „Schweig und verlass ihn!"
Der unreine Geist zerrte den Mann hin und her und verließ ihn mit lautem Geschrei. *(Es ist schwer, die Masken, die Fassade, die angenommenen Meinungen, die Anpassung fahren zu lassen – auszutreiben.)*
Da staunten alle und einer fragte den anderen: „Was bedeutet das? Es ist eine neue Lehre und sie wird mit Vollmacht verkündet" (Mk 1,23–27a).
Nachwort: Herr, durch deine Worte und deine Macht können wir die Welt des Scheins, die manchmal eine Welt Satans ist, verlassen.
Alle: Lob sei dir, Christus!

Fürbitten *(bitte auswählen)*

L.:   Wir rufen zu dem, der uns heilen und retten kann:

1. Spr.: Bringe die Mächtigen zur Einsicht, missliebige Meinungen nicht brutal zu unterdrücken. – *Liedruf*

2. Spr. Gib den Christen die Kraft zu widersprechen, wenn sie anderer Meinung sind, und lass sie zu ihrer Meinung stehen. – *Liedruf*

1. Spr.: Lass alle deine Nähe spüren, die aufgrund ihrer politischen oder religiösen Meinung verfolgt und gefoltert werden. – *Liedruf*

2. Spr.: Hilf uns, fremde Meinungen zu akzeptieren, wenn sie uns vernünftig erscheinen. – *Liedruf*

1. Spr.: Hilf den Menschen, Werbesprüche und falsche Versprechungen zu durchschauen. – *Liedruf*

2. Spr.: Mach uns mutig, unseren eigenen Lebensweg zu finden, wenn andere uns zur Anpassung verleiten wollen. – *Liedruf*

1. Spr.: Öffne allen orientierungslosen Menschen den Blick für die wahre Freiheit. – *Liedruf*

2. Spr.: Hilf denen zu einem mutigen neuen Anfang, die sich hinter Schminke und Fassade verstecken. – *Liedruf*

L.: Denn, Herr, du willst uns als freie, ehrliche Menschen. Wir danken dir dafür durch Christus, unseren Herrn.

Meditation

(Die geschminkte Person mit dem weißen Umhang tritt vor)

1. Spr.: Sollen sich doch andere den Kopf zerbrechen,
Politiker und Journalisten,
Raumplaner und Umweltschützer,
Meinungsforscher und Reklameleute,
Pädagogen und Theologen und Ideologen!
Aber Achtung! Kaum haben die nämlich nachgedacht,
denken sie dir auch vor,
und du denkst ihnen nach – statt nachzudenken.

(Die Person wird abgeschminkt)

2. Spr.: Er/sie wird abgeschminkt.
Seine/ihre Persönlichkeit kommt wieder unter der Schminke hervor.
Die Freiheit kommt wieder.
Sie kann nämlich nicht aufgesetzt oder angeschminkt werden.
Denn nur, was eingepflanzt wird,
was von innen heraus wächst,
hat Bestand und entspricht der Berufung des Menschen.

(Die Person wirft ihren weißen Umhang fort und geht)

Ministrantengruppe der Pfarrei St. Pankratius, D-50126 Bergheim

25. Befreit von Verführern. Symbol Marionette

(Christsein – Auch 5. Sonntag i.J. B)

Vorbereitungen

– Eine Marionette befindet sich in einem Korb.
– Menschliche Marionette: Kind mit fünf Seilen (um Arme, Beine, Brustkorb).
– Fünf Kinder mit Gegenständen: großer Lutscher, großes Bild von einem Superhelden-Comic, großes Fernsehbild …

Einführung

Liebe Kinder, liebe Christen, wir haben euch etwas Interessantes mitgebracht. Ich habe es hier im Korb.

(SprecherIn bewegt die Marionette. Hand der Marionette schaut aus dem Korb und winkt)
Da winkt euch ja jemand zu.
(Kopf der Marionette wird sichtbar)
Eine lustige Puppe, eine Marionette.
(Marionette hüpft aus dem Korb und wird bewegt)
Die Marionette lebt, weil ich sie halte. Sie lebt nicht selbst, sondern sie macht nur, was ich will.
(Bewegen und spielen)
Diese Puppe hängt an mir; sie ist abhängig. Sie ist nicht frei, und wenn ich sie wieder weglege, dann kann sie nichts mehr tun.
(Marionette weglegen)

Schuldbekenntnis

Wir sind auch oft abhängig von vielen Sachen:
Wir sind abhängig von unseren Launen. – Herr, befreie uns.
Wir sind abhängig von anderen Menschen. – Herr, befreie uns.
Wir sind abhängig von der Mode, von dem, was gerade „in" ist. – Herr, befreie uns. – *Vergebungsbitte.*

Lesungen

Gal 5.1.13–14: Wir sind zur Freiheit berufen;
Mk 1,29–39: Jesus treibt „Dämonen" aus.

Predigt

Im Evangelium hören wir, Jesus treibt Dämonen aus. In der Bibel kommen öfter solche „Dämonen" vor. Von Dämonen ist die Rede, wenn jemand besessen ist von einer Idee. Manche sprechen auch von einer Versuchung oder Verführung.
Ich kenne jemanden, der wird von vielen solchen kleinen Dämonen oder Teufelchen hin- und hergerissen. Wir wollen sehen, was damit gemeint ist.
Ein Kind steht da mit fünf Seilen (Kordelstücken): jeweils eins an den Händen und den Füßen, eines um den Brustkorb. Das Ende des Seiles hält jeweils ein Kind, das für einen „Dämon" spricht. Die Seile hängen anfangs locker durch. Beim ersten Satz des „Dämons" wird das jeweilige Seil gespannt, beim zweiten gezogen, beim dritten die ganze „Marionette" verrückt. Dies wird bei jedem „Dämon" wiederholt.

Dämon 1 (mit großem Fernseh-Bild):
Ich bin der Fernseh-Teufel und sage dir: Jetzt kommt schon wieder etwas ganz Tolles im Fernsehen. Schalt sofort ein! Sonst versäumst du was!

Dämon 2 (mit Bild von einer geballten Faust):
Ich bin der Gewalt-Teufel und sage dir: Lass dir nichts gefallen! Hau
zurück! Zeig, wie stark du bist!

Dämon 3 (mit großem Lolli):
Ich bin der Süßigkeiten-Teufel und sage dir: Her mit dem Lutscher! Haben wir heute schon Schokolade bekommen? Wo gibt's was zu naschen?

Dämon 4 (mit einem großen gemalten Zifferblatt):
Ich bin der Hektik-Teufel und sage dir: Komm bloß nicht zur Ruhe! Du musst ständig auf Achse sein! Dann kommst du auch nicht zum Nachdenken!

Dämon 5 (mit Bild):
Ich bin der Böse-Worte-Teufel und sage dir: Lass dich nicht dumm anmachen. Verspotte die anderen! Sag Gemeines!

SprecherIn:
So geht es auch uns oft. Hin- und hergerissen sind wir von vielen Leidenschaften und Verführungen. Und dann müssen wir uns entscheiden: Was sollen wir da tun?
Jesus will uns frei machen. Du brauchst dich nicht ziehen lassen von so vielen Wünschen und Leidenschaften. Lass dich auch nicht verführen von Werbung und Reklame! Jesus sagt: Ich mache dich frei, dass du sicher und frei durchs Leben gehst. So will Jesus auch unsere „Dämonen" austreiben.
– Jesus befreit uns vom Fernsehteufel. *(Seil wird gelöst)*
   Alle: Herr, befreie uns.
– Jesus befreit uns vom Gewaltteufel. *(Seil wird gelöst)*
   Alle: Herr, befreie uns.
– Jesus befreit uns vom Süßigkeitenteufel. *(Seil wird gelöst)*
   Alle: Herr, befreie uns.
– Jesus befreit uns vom Hektikteufel. *(Seil wird gelöst)*
   Alle: Herr, befreie uns.
– Jesus befreit uns vom Böse-Worte-Teufel. *(Seil wird gelöst)*
   Alle: Herr, befreie uns.
Jesus will nicht, dass wir Marionetten sind. Jesus will, dass wir frei und glücklich leben.

Fürbitten

L.: Guter Gott, du hast uns zur Freiheit berufen und willst, dass wir frei und glücklich leben. Darum bitten wir:

1.: Wir beten für alle Menschen, die ihr Leben vom Fernsehprogramm bestimmen lassen. Gib ihnen die Kraft, den Fernseher auch einmal auszuschalten. Herr, befreie uns!
Alle: Herr, befreie uns.

2.: Wir beten für alle, die immer gleich zuschlagen. Zeig ihnen, wie man Probleme auch anders lösen kann. Herr, befreie uns!

3.: Wir beten für alle, die zu viel essen. Gib ihnen die Kraft, nein zu sagen. Herr, befreie uns!

4.: Wir beten für alle Süchtigen. Zeig ihnen den Wert ihrer Gesundheit. Herr, befreie uns!

5.: Wir beten für alle Menschen, die immer bloß schimpfen. Schenke ihnen ein fröhliches Herz. Herr, befreie uns!

L.: Du machst uns frei durch Jesus Christus, unseren Herrn. Amen.

Anton Dinzinger / Heidi Ehlen, Weil Gott uns liebt, Kinder- und Familiengottesdienste im Kirchenjahr, Lesejahr B, © Bergmoser + Höller Verlag GmbH, Aachen 1999; leicht gekürzte Fassung

26. Es gibt wieder Hoffnung
(Ostern)

Lesungen
Kol 3,1–4: Ihr seid mit Christus auferweckt.
Mt 28,1–8: Er ist auferstanden.

Vorbereitung
Eventuell ist das „Grab" gut sichtbar aufgebaut oder der Eingang zur Sakristei gilt als solches. Davor steht der „Stein", dahinter – noch nicht sichtbar – das Kreuz. – Im „Grab": Mullbinden, (Oster-)Kerze, Brief. – Die beiden Marien stehen an anderer Ecke und unterhalten sich. „Salböl" und Blumen stehen bereit.

Gespräch der beiden Marien
M1: Hallo, Maria!
M2: Hey, Maria.
M1: Wie geht's dir?
M2: Schlecht … Das hätte ich nicht gedacht, dass das so schief geht mit Jesus.

M1: Ja, einfach ans Kreuz geschlagen – wie einen Verbrecher.

M2: Das hat mir so weh getan, als die Soldaten das mit ihm gemacht haben. Ich bin immer noch ganz traurig.

M1: Was soll jetzt nur werden? Wie soll es weitergehen?

M2: Ich hatte mir solche Hoffnungen gemacht: Endlich mal einer, der uns Frauen ernst genommen hat.

M1: Ja, und endlich mal einer, der sich für die kleinen Leute stark gemacht hat.

M2: Er hatte solch eine Ausstrahlung! Da habe ich so viel Hoffnung bekommen.

M1: Aber jetzt ist alles aus. Ende. Schluss. Exitus.

M2: Komm, wir gehen zu seinem Grab und nehmen Salben und Öle mit.

M1: Ja, wir wollen ihn waschen und salben, wie es sich gehört. Gestern wurde er so überstürzt ins Grab gelegt. Nicht mal eine richtige Beerdigung hat er gehabt.

M2: Stimmt, jeder normale Mensch hat eine bessere Beerdigung. Mit vielen Leuten, richtiger Salbung und so.

M1: Na ja, normal ist er ja eigentlich auch während seines Lebens schon nicht gewesen.

M2: Was soll's! Lass uns jetzt das Einzige und Letzte machen, was wir noch für ihn tun können: Lass uns zum Grab hingehen.

M1: Gut, ich hab noch ein paar Blumen für ihn; davon hat er ja mal gepredigt. Nimmst du das Öl?

M2: Okay, lass uns gehen.
(Sie gehen los. – In diesem Moment fällt der Stein vom Grab)

M1: Du, Maria, da gibt's aber noch ein Problem.

M2: Wieso?

M1: Ja, da ist doch dieser Stein vorm Grab. Den kriegen wir nicht allein weg. Wie sollen wir denn dann zu Jesus kommen?

M2: So'n Mist. Das weiß ich auch nicht.

M1: Aber zurückgehen will ich jetzt auch nicht mehr.

M2: Ich auch nicht. Lass uns wenigstens mal gucken gehen.
(Sie erreichen das offene Grab. Blumen daneben stellen)

M1: Du, guck mal, der Stein ist weg!

M2: Komisch, gestern war der doch noch da.

M1: Und was ist mit Jesus?
(Sie gucken ins Grab)

M2: Ich glaub, ich spinne. Der ist auch weg!

M1: Den hat jemand geklaut!

M2: Vielleicht sind wir ja auch am falschen Grab?

M1: Nee, da liegen doch noch die Binden, in die er gewickelt worden war.
(Binden zeigen)

M2: Guck mal, da liegt noch mehr!
M1: Oh, und was?
M2: Ein Zettel, ein Brief.
M1: Lass mal sehn.

(Brief zeigen und vorlesen:)
An die beiden Marien: Fürchtet euch nicht! Ich weiß, ihr sucht Jesus, den Gekreuzigten. Er ist nicht hier; denn er ist auferstanden, wie er gesagt hat. Kommt her, und seht euch die Stelle an, wo er lag. Dann geht schnell zu seinen Jüngern und sagt ihnen: Er ist von den Toten auferstanden. Er geht euch voraus nach Galiläa, dort werdet ihr ihn sehen. Ich habe es euch gesagt. Unterschrift: Ein Bote Gottes (nach Mt 28,5b).

M2: Mensch, ist ja stark.
M1: Ob das stimmt?
M2: Bestimmt!
M1: Das müssen wir den anderen sagen!
M2: Das müssen wir allen sagen!
M1: Vielleicht glauben die uns nicht.
M2: Obwohl: Eigentlich hat er das ja immer gesagt, dass er sterben müsse und dann auferstehen wird.
M1: Stimmt.
M2: Dann glauben die auch das hier.
M1: Los, wir sagen allen, dass Jesus lebt, dass Jesus auferstanden ist.
M2: Ja, seine Sache geht weiter!
M1: Da werden sich aber alle freuen!
M2: Da gibt es wieder Hoffnung!
M1: Auf ihn ist also doch Verlass!
M2: Das müssen wir allen sagen.
M1: Ja, alle sollen es wissen: Christus ist auferstanden!
(Sonne hinstellen, Kreuz aufs Grab, Kerze anzünden)
M2: Christus ist auferstanden!

Kath. Urlauberseelsorge, Andrea Rehn, Rote Str. 4, D-21335 Lüneburg

27. Geburtstag der Kirche
(Pfingsten)

Lesungen

Apg 2,1–11: Alle wurden mit Hl. Geist erfüllt;
Joh 20,19–23: Empfangt den Hl. Geist.

Erzählung mit ChorführerIn

E. = Erzähler; Ch. = ChorführerIn; A. = Eine Gruppe von Kindern und Jugendlichen wiederholt wie ein Echo in Lautstärke und Färbung den Satz des Chorführers/der Chorführerin

E.: Es war der fünfzigste Tag nach Ostern: Pfingsten, das jüdische Wochenfest. Von überall her kamen sie zusammen. Juden und Freunde des jüdischen Glaubens: von Mesopotamien und Kappadozien, aus Pontus, aus Ägypten, aus Libyen und aus Rom. Sie kamen aus allen Ländern zum Wochenfest der Juden, sieben Wochen nach dem Pascha. Sie kamen und feierten ihren Gott, der Israel erwählt hat, der sie aus der Sklaverei befreit hat; der die Gebote gegeben hat; den Gott des Himmels und der Erde.

Ch.: Den Gott des Himmels und der Erde.

A.: Den Gott des Himmels und der Erde.

E.: Ist das ein Treiben in Jerusalem! Menschen aus allen Ländern sprechen viele verschiedene Sprachen. Welch ein Stimmengewirr in Jerusalem!

Ch.: Was ist denn los in Jerusalem?

A.: Was ist denn los in Jerusalem?

E.: Volle Gassen, Menschen über Menschen, Stimmen über Stimmen. Mitten in diesem Treiben eine kleine Gruppe von Menschen hinter verschlossenen Türen – unter sich –, abgeschottet nach außen. Ängstlich, eng sitzen sie zusammen: Jüngerinnen und Jünger von Jesus, der da gekreuzigt wurde vor fünfzig Tagen.

Ch.: Gekreuzigt vor fünfzig Tagen!

A.: Gekreuzigt vor fünfzig Tagen!

E.: Brutale Gewalt gegen Liebe.

Ch.: Gewalt gegen Liebe!

A.: Gewalt gegen Liebe!

E.: Angst und Enge gegen die Botschaft der Freiheit.

Ch.: Angst gegen Freiheit!

A.: Angst gegen Freiheit!

E.: Da saßen sie nun zusammen wie Gefangene, im engen Kreis, unter Gleichgesinnten, hinter verschlossenen Türen, geschützt vor dem rauen Wind der Welt. Doch dann …

Ch.: Doch dann …

A.: Doch dann …

E.: Wie ein Brausen vom Himmel!

Ch.: Ein Brausen vom Himmel!

A.: Ein Brausen vom Himmel!

E.: Feuerzungen!

Ch.: Feuerzungen!

A.: Feuerzungen!

E.: Es wird lebendig unter den Jüngern. Geist und Leben treibt sie hinaus aus der Enge, hinaus ins Freie, hinaus in die Welt!

Ch.: Hinaus in die Welt!

A.: Hinaus in die Welt!

E.: Geist und Leben treibt aus der Enge.

Ch.: Raus aus der Enge!

A.: Raus aus der Enge!

E.: Kirche wird geboren.

Ch.: Kirche wird geboren.

A.: Kirche wird geboren.

E.: Die Botschaft der Liebe, die Botschaft der Freiheit, hinaus in die Welt – lebendige Kirche!

Ch.: Neues Leben, neuer Geist!

A.: Neues Leben, neuer Geist!

E.: Neues Leben, neuer Geist für die Welt. Von diesem Geist lebt die Kirche. Davon bleibt sie lebendig. Natürlich wird es wieder Angst und Enge geben, Sehnsucht nach Schutz und Geborgenheit. Dafür ist das Leben zu rau, bläst der Wind zu sehr ins Gesicht. Doch Pfingsten – das Fest des Geistes! Vom Geist erfüllt geht die Botschaft in die Welt. Die Botschaft von Gottes Güte, Barmherzigkeit, Liebe.

Ch.: Güte, Barmherzigkeit, Liebe.

A.: Güte, Barmherzigkeit, Liebe.

E.: Pfingsten feiert die Kirche Geburtstag, feiern wir Geburtstag.

Ch.: Geburtstag der Kirche!

A.: Geburtstag der Kirche!

E.: Kirche sind du und ich!
Ch.: Du und ich – wir alle!
A.: Du und ich – wir alle!

E.: Große und Kleine, Junge und Alte, Ängstliche und Mutige, Redseli-
ge und Stumme, Perser und Meder, Remscheider und Münchner,
Deutsche und Engländer, Franzosen und Italiener, Hellhäutige und
Dunkelhäutige, Fromme und weniger Fromme! Alle gehören zur
großen Familie Gottes, die Pfingsten geboren wurde.
Ch.: Alle Familie Gottes!
A.: Alle Familie Gottes!
Ch.: An Pfingsten geboren!
A.: An Pfingsten geboren!

E.: Die Kirche sind wir!
Ch.: Wir!
A.: Wir!

E.: Wir feiern Geburtstag!
Ch.: Den Geburtstag der Kirche!
A.: Den Geburtstag der Kirche!

*Lothar Wand, in „Materialdienst" 55, 2/1996, leicht geändert.
Rechte beim Autor*

28. Wir sind euch nahe
(Erntedank / „Dritte" Welt)

Lesungen
Sir 4,1–10: Neige den Armen dein Ohr;
Lk 16,19–22: Der reiche Prasser und der arme Lazarus.

Spiel
*5 Kinder – ärmlich gekleidet – machen sich zu SprecherInnen von Kin-
dern der so genannten Dritten Welt. Jedes hat einen Gegenstand in der
Hand, der seinem Text entspricht: Teppich, Kassettenrekorder, Konservendose, Stück Fleisch, Banane. Sie stellen sich vor (eventuell durch den gemeinsam gesprochenen ersten Abschnitt).*

1.–5. Kind *sprechen gemeinsam:* Wir sind euch nahe!
1. Kind: Wir heißen Vinod und Nayendra, Alfredo, Fatima und Sarah.
2. Kind: Wir haben viele Namen.

3. Kind: Wir sind Kinder. Wir leben weit fort von euch.
4. Kind: In Afrika, in Asien, in Lateinamerika.
5. Kind: Zwischen euch und uns liegt ein weiter Weg.
1. Kind: So weit, dass wir uns nie begegnen werden.
1.–5. Kind *sprechen gemeinsam*: Und doch sind wir euch nahe!

1. Kind: *Nayendra mit dem Teppich:*
Wir sind euch nahe, wenn ihr mit euren Füßen über einen weichen Teppich geht. Knoten um Knoten haben *wir* geknüpft. Bis in die Nacht hinein. Der feine Wollstaub setzte sich in unseren Lungen fest. Lohn bekamen wir kaum. Dafür umso mehr Schläge.

2. Kind: *Vinod mit dem Kassettenrekorder:*
Wir sind euch nahe, wenn ihr eure Kassettenrekorder einschaltet. Denn die Chips, diese verfluchten kleinen Dinger, haben *wir* zusammengesetzt, bei schlechtem Licht – bis uns die Augen wehtaten.

3. Kind: *Alfredo mit der Konservendose:*
Wir sind euch nahe, wenn ihr eine Konservendose öffnet. Denn das Zinn für diese Dose haben *wir* in einem dunklen Stollen aus dem Felsen geschlagen und auf unseren Rücken geschleppt.

4. Kind: *Fatima mit dem Stück Fleisch:*
Wir sind euch nahe, wenn ihr ein Stück Fleisch esst. Denn das Sojamehl, mit dem das Rind gefüttert wurde, wuchs auf einem Feld, auf dem Mais und Gemüse *für uns* hätte wachsen können.

5. Kind: *Sarah mit der Banane:*
Wir sind euch nahe, wenn ihr eine Banane schält. Denn unser Vater hat sie gepflückt, aber dafür nur so wenig Lohn erhalten, dass es zum Leben nicht reicht. Darum müssen wir mithelfen und können keine Schule besuchen.

1.–5. Kind *sprechen gemeinsam*: Wir sind euch nahe!
2. Kind: Ohne dass ihr es wisst!
3. Kind: Wir sind euch nahe,
4. Kind: wenn ihr euch einen Wunsch erfüllt.
5. Kind: Denn viele Wünsche könnt ihr euch nur erfüllen,
1.–5. Kind *gemeinsam:*
           weil wir sie uns nicht erfüllen können.

Nach Hans Martin Große-Oetringhaus, Wir sind dir nahe,
aus: ders., United Kids. Spiel- und Aktionsbuch Dritte Welt,
Elefanten Press, München, 2. Aufl. 1992. Rechte beim Autor.

29. Das Brot. Symbol Waage

(Weltgericht)

Lesungen

Phil 2,5–11: Gott und den Menschen bis zum Äußersten dienen: Das Beispiel Christi.

Mt 23,1–8.11–12: Falsche Frömmigkeit kann zur selbstgerechten und lieblosen Heuchelei auswachsen.

Spiel

L.: „Alles, was sie tun, tun sie nur, damit die Menschen es sehen!" Wir hören und sehen zu dieser falschen Frömmigkeit eine gespielte Geschichte:

Spr.: In einer Stadt lebte einmal ein reicher Kaufmann. Aus kleinen Anfängen hatte er sich schnell hochgearbeitet. Dabei war er wenig ehrlich. Weil er aber schlau und pfiffig war, konnte ihm niemand etwas nachweisen. Auf diese Weise war er sehr reich geworden. Und er war fest überzeugt, ein frommer und mildtätiger Mann zu sein; denn er hatte der Stadt eine Kirche geschenkt und ein neues Krankenhaus bauen lassen mit einer Marmortafel, auf der zu lesen stand: „Diese Anstalt wurde von dem ehrsamen und mildtätigen Kaufmann Johann Melter gestiftet". – An einem Winterabend kam der Kaufmann später als gewöhnlich von seinem Spaziergang nach Hause. Und als er seine prächtige Haustür öffnen wollte, wurde er plötzlich von einem Bettler angehalten.

Bettler: Bitte, gib mir eine milde Gabe. Sieh, wie ich friere! Ich habe kein Geld, mir etwas Warmes zu kaufen!

Spr.: Schon wollte sich der Kaufmann unwillig umdrehen, da sah er in das bleiche, hagere Gesicht und auf die dürftige Kleidung. Zufällig kam einer seiner Diener mit einem Korb Broten vorbei. Der Reiche winkte ihm, nahm ihm den Korb ab und warf dem Bettler ein Brot zu. Dann schloss er sorgfältig das Tor, ging ins warme Zimmer, setzte sich an den Kamin und – schlief ein. Er fühlte sich weit fortgetragen.

(Engel kommt)

Spr.: Auf einmal stand ein Engel vor ihm. Dieser hielt eine gewaltige Waage. *(Engel hebt eine Waage hoch)*
Der Engel sah sehr ernst aus. Der Kaufmann sprach ihn an.

Kaufmann (= Kauf.): Wer bist du? Was soll das bedeuten?

Engel: Ich bin der Erzengel Michael und wiege deine Werke. *(legt „Schuldbriefe" in eine Waagschale)*

Spr.:   Der Erzengel legte all die Schuldscheine und Wucherzinsen und Zahlungsbefehle auf eine Waagschale. Dem Reichen wurde immer banger. Er rief:

Kauf.:   Vergiss nicht meine guten Werke! Die Kirche und das Krankenhaus!

Spr.:   Und der Engel legte Kirche und Krankenhaus in die andere Schale.

(Engel legt gebastelte Kirche und Krankenhaus in die andere Waagschale)
Doch der Kaufmann traute seinen Augen kaum. Die Schale blieb trotzdem oben! Der Engel sagte:

Engel: Die Dinge haben auf der himmlischen Waage ein anderes Gewicht als auf Erden. Aber ich bin noch nicht fertig. Ich habe noch ein gutes Werk auf die Waage zu stellen!

Spr.:   Der Kaufmann wunderte sich:

Kauf.:   Von mir? Du irrst, denn ich habe diese zwei Werke getan und nichts anderes. Das weiß jedes Kind in der Stadt!

Engel: Und das Brot?

Kauf.:   Ach, was hat ein Brot schon für einen Wert! Das hatte ich längst vergessen!

Spr.:   Der Engel legte das Brot auf die Schale *(Engel tut es)*, und die Schale senkte sich!

Engel: Das ist das einzige Werk, das im Himmel Gewicht hat, weil du es aus Mitgefühl getan hast. Kehre zurück auf die Erde und sorge dafür, dass zu dem Brot noch andere gute Werke hinzugelegt werden können.

Spr.:   Gleich am nächsten Tag ließ der Kaufmann die Tafel mit der Inschrift vom Krankenhaus entfernen. Und bald sprach es sich in der Stadt herum, dass Johann Melter eine offene Hand hatte für Arme.

(Engel hängt oder stellt die Waage gut sichtbar im Altarraum auf)

Adelheid Kautz, leicht verändert

Familienmesskreis St. Pankratius, Bergheim-Paffendorf

Weitere Spielszenen finden Sie in meinen Zeichenpredigt- und Symbolbüchern, die in diesem Buch auf Seite 33 aufgeführt sind, außerdem in „Anschauliche Predigten für Kinder-, Jugend- und Familiengottesdienste", Seite 44–57, sowie in „Religiöse Spiele 1 und 2", „77 religiöse Spielszenen" und in „9 x 9 Spielszenen" jeweils für Gottesdienst, Schule und Gruppen. Alle Matthias-Grünewald-Verlag, Mainz.

DREI BUSSFEIERN

Seit über zwanzig Jahren finden in den Kirchen, für die ich zuständig bin, jährlich zwei gut besuchte Bußfeiern statt. Immer spielte darin ein Symbol eine Rolle. Bis jetzt habe ich bei den inzwischen über vierzig Bußfeiern mit Gegenständen aus dem Alltag noch nie Kritik dergestalt gehört, dass ich dabei auf Symbole verzichten sollte. Worte rühren einfach mehr ans Herz, wenn sie von einem Symbol begleitet werden.

30. Knoten im Lebensfaden
(Für Kinder und Jugendliche. – Advent und Fastenzeit)

Hinweise
1. Auf die Idee zu dieser Bußfeier brachte mich Hans Freudenberg, Religionsunterricht praktisch, Verlag Vandenhoeck & Ruprecht, Göttingen 1991, S. 141; zusätzlich beeinflusste mich Peter Orth, Gott hat uns seine Welt geschenkt, Matthias-Grünewald-Verlag, Mainz 1998, S. 161–166.
2. Diese Bußfeier dauerte bei uns eine gute halbe Stunde. Kürzen Sie, wenn Ihnen das angemessen erscheint. Durch die häufigen Ortswechsel verging die Zeit aber wie im Fluge.
• = Es folgen Gewissensfragen.

Vorbereitungen
1. Jede/r TeilnehmerIn erhält einen roten Wollfaden von ca. 1 m Länge, seinen/ihren „Lebensfaden".
2. Eine Messing- oder Kupferschale, etwas Brennspiritus sowie Streichhölzer stehen bereit.

Lied zu Beginn
(Dazu werden alle TeilnehmerInnen in den Altarraum gebeten)
Advent: Wir sagen euch an: GL 115, die entsprechende Strophe – je nach Zeitpunkt im Advent
Fastenzeit: O Herr, nimm unsere Schuld: GL 168

Einführung

Es gibt einen Indianerstamm, der folgenden Brauch kennt: Bevor die Indianer ihren Göttern opfern, müssen sie erst alle Schuld loswerden. Sie machen deshalb in einer Art Lebensfaden Knoten für alles, was sie an Bösem getan, aber auch für alles, was sie an Gutem unterlassen haben. Dann wird das Stück Lebensfaden verbrannt, was bedeutet: Gott vergibt mir!

So ähnlich steht das auch im Buch der Christen, der Bibel. Da heißt es bei dem Evangelisten Matthäus: „Wenn du zum Gottesdienst gehen willst und dir dabei einfällt, dass dein Bruder oder deine Schwester noch etwas gegen dich hat, so geh und versöhne dich zuerst mit deinem Bruder oder deiner Schwester, dann komm und feiere den Gottesdienst" (Mt 5,23f, am Ende verändert).

Jeder von uns hat einen Lebensfaden, ein Stück seines Lebens in der Hand. Wir möchten hier im Angesicht Gottes zurückschauen und gehen dabei in der Kirche einige Stationen ab, machen also eine kleine Wallfahrt. Bevor wir im Mittelgang der Kirche beginnen, werden wir uns zuerst im Gebet bewusst, dass wir vor Gott stehen:

Gebet

Herr, unser Gott. Sei jetzt spürbar in unserer Mitte und hilf uns, ehrlich über das nachzudenken, was wir falsch gemacht oder was wir an Gutem unterlassen haben. Komm, Heiliger Geist, belebe uns, bewege uns und öffne jetzt unser Herz. Darum bitten wir durch Christus, unseren Herrn.

Erste Station: Mitten in der Kirche

Gewissensprüfung zum Bereich „zu Hause"

In der Mitte der Kirche denken wir an unser Zuhause. Die Erfahrungen dort bestimmen unser Leben. Wir fragen uns:

- Sorge ich dort für eine gute Atmosphäre? Übernehme ich fair einen Teil der Aufgaben? –

Wir machen in unseren Lebensfaden einen Knoten für alles, was wir falsch gemacht oder an Gutem unterlassen haben. –

Positiv: Was nehme ich mir an Gutem vor? Vielleicht etwas, was ich ungern tue.

(An dieser Stelle sagen, dass an jeder der nächsten vier Stationen jeweils ein guter Vorsatz überlegt wird, sie aber nur *einen* in die Tat umzusetzen brauchen.)

Lied: Weil du ja zu mir sagst: „Troubadour" 589 (alt 76)

Zweite Station: Innen an einer Außentür

Gewissensprüfung zum Bereich „Schule"

Wir werden einen Augenblick still, um das pulsierende Leben von draußen zu hören. *(Stille)*
Der Lärm soll uns an die Schule, den Schulhof erinnern. Wir denken
nach:

* Ist Schule für mich wie ein Schatten, der mich bedrückt? Sehe ich die
  Schule als eine Vorbereitung darauf, das atemberaubende Tempo in
  der Welt mithalten zu können? Arbeite ich zu wenig – arbeite ich zu
  viel? Denke ich dabei daran, dass ich meine Fähigkeiten, meine Talente in die Gemeinschaft einbringen darf? Dabei brauche ich mich
  nicht zu überfordern: Wer viele Talente empfangen hat, zum Beispiel
  fünf tolle Eigenschaften, wie gut in Mathe, hervorragend im Sport …
  usw., der muss Gott einmal zehn Talente abliefern; der aber nur ein
  Talent bekommen hat, braucht nur zwei abzugeben. (Hier wird an Mt
  25,14ff: „Das Gleichnis vom anvertrauten Geld" angeknüpft und als
  bekannt vorausgesetzt; wenn das nicht der Fall ist, auslassen oder
  ausführlicher erklären.)

Wir machen in unseren Lebensfaden einen Knoten – wer will, auch mehrere – für alles, was wir falsch gemacht oder an Gutem unterlassen haben. –
Positiv: Wir nehmen uns vor, einem in der Schule zu danken – der Lehrerin, dem Hausmeister, der Busfahrerin … – oder einem Klassenkamera-
den/einer Klassenkameradin bereitwilliger zu helfen, der oder die es
schwerer hat als ich.

Lied

Advent: Weg, den ein Stern erhellt: „Troubadour" 500 (alt 322)
Fastenzeit: O Herr, wir rufen alle zu dir: „Troubadour" 432 (alt 214)

Dritte Station: Stelle, an der oft Kerzen mit Gebetsanliegen entzündet werden

(z.B. vor einer Pietà = Maria mit ihrem toten Sohn)

Gewissensprüfung zum Bereich „Kirche"

Nicht nur das Arbeiten ist wichtig; alles soll auch mit Gebet begleitet
werden. Aus Erfahrung wissen wir: Wer sich gut auf eine Klausur vorbereitet hat, schreibt trotzdem noch lange keine Super-Arbeit.
Wer für ein Fußballspiel hart trainiert hat, bringt noch lange nicht den
Ball ins Tor. Beten gibt innere Kraft und Ruhe – so wie der Junge David

ganz ruhig dem Riesen Goliath entgegentrat, weil er Gott in seinem Rücken wusste. Darum überlegen wir:

- Bete ich noch mit dem Herzen darum, dass Gott mich, die Mutter, den Vater beschützt? So wie hier oft Kerzen brennen in Gebetsanliegen, zum Beispiel: Lass meinen Mann Arbeit finden! Lass N.N. die Operation gut überstehen.
  Bete ich auch beim Leid anderer? Suche ich auch sonntags die Kirche auf, um in Gemeinschaft mit anderen gegen das Unheil in der Welt den Himmel zu bestürmen?

Wir machen in unseren Lebensfaden wieder einen Knoten für alles, was wir falsch gemacht oder unterlassen haben. –

Positiv: Ich nehme mir vor, das nächste Abendgebet auf den Knien zu sprechen (oder mit ausgebreiteten Armen) und dabei „den kranken Nachbarn" nicht zu vergessen.

Lied
Advent: Brüder (Freunde), ruft in Freude: „Troubadour" 438 (alt 29)
Fastenzeit: Ihr Freunde lasst euch sagen: T.: Rolf Krenzer, M.: Ludger Edelkötter, Impulse Musik Verlag, Drensteinfurt.

Vierte Station:
Advent: Vor den Figuren der Herbergssuche oder den Anfängen der Krippe
Fastenzeit: Am Taufbrunnen

Gewissensprüfung zu meinem Verhalten „draußen"
Advent: Ihr seht Maria und Josef bei der Herbergssuche vor verschlossenen Türen und die Schilder „Überfüllt!", „Geschlossen!".
Fastenzeit: Die Taufe bedeutet eine Aufnahme in die Gemeinschaft all derer, die von Jesus an die Hand genommen werden möchten. Ich lasse mich auf andere ein.

- Bin ich offen für andere, die mir „draußen" (in der Freizeit) begegnen? Habe ich ein zu breites Ich, das auswählt, wer mitspielen darf und wer nicht? Bin ich schon einmal zu einem hingegangen, der allein oder in Bedrängnis da stand? Habe ich mich für Notleidende in aller Welt eingesetzt (Adveniat/Misereor-Opferkästchen)?

Wir machen in unseren Lebensfaden einen großen Knoten für alles, was wir falsch gemacht oder unterlassen haben. –

Positiv: Auf wen könnte ich (wieder) mehr zugehen? (Mache ich zum Beispiel beim Sternsingen mit?)

Lied

Advent: Maria durch ein Dornwald ging (= wo ich Jesus hintrage, wachsen aus Dornen Rosen).

Fastenzeit: Jesus wohnt in unserer Straße: „Troubadour" 56 (alt 7)

Fünfte Station: Um eine Messingschale

Schuldbekenntnis und Lossprechungsbitte

Jeder legt seinen „Lebensfaden" mit den Knoten in die Schale. Ich übergieße die Fäden mit etwas (Brenn-)Spiritus. Dieses Wort heißt aus dem Lateinischen übersetzt: Geist. Es versinnbildlicht den Heiligen Geist, der an Pfingsten Feuer auf die Erde geworfen hat und will, dass es brennt, um die Schlacken, d.h. alles Böse, auszuscheiden. *(L. zündet die Wollfäden an)*

Wir schauen zu, wie dabei die Knoten in den Lebensfäden verbrennen. Am Ende unseres Lebens, schreibt Paulus, geht unser Lebenswerk wie durch Feuer. Dann zeigt es sich, ob wir mit Stroh oder Holz oder mit Silber und Gold gebaut haben; d.h. etwas nur für das Ansehen bei den Menschen oder für Gott getan haben (vgl. 1 Kor 3,12–15).

Ist das nicht großartig, dass Gott uns so vergibt – wie jetzt das Feuer unsere Schuld vertilgt?! Das gibt es sonst nirgendwo, so leicht aus einer Schuld herauszukommen!

Entscheidend dabei ist aber, dass es uns Leid tut, was wir falsch gemacht oder unterlassen haben. Darum verneigen wir uns jetzt und sprechen aus ganzem Herzen:

Ich bekenne ... GL 353,4: Schuldbekenntnis

Lossprechungsbitte: Nachlass (+), Vergebung und Verzeihung eurer Sünden schenke euch der allmächtige und barmherzige Herr.

Sechste Station: Im Altarraum

Wir stellen uns zu einem Kreis (zu Kreisen) auf und bilden mit unseren Armen und Händen eine Menschenkette ...

Schaut mal: Ein Band ohne Knoten! Wir singen das Vaterunser und denken dabei besonders an den Satz: „... wie auch wir vergeben unseren Schuldigern"; Gott hat uns vergeben, jetzt ist es an uns, diese Vergebung weiterzugeben.

Schlusslied

Advent: Macht hoch die Tür (= öffnet die Herzenstüren): GL 107,1.
Fastenzeit: Gib uns Frieden jeden Tag: „Troubadour" 284 (alt 53) oder:
Gib uns Hilfe: „Troubadour" 4 (alt 251).
Bei oder nach diesem Lied stellen sich alle noch einmal vor ein Kreuz
und vergegenwärtigen sich *einen* guten Vorsatz von den vielen, die ge-
nannt wurden.

31. Schenk uns ein brennendes Herz!
(Für Jugendliche und Erwachsene. Advent und Fastenzeit)

Vorbereitung

Für jeden eine kleine, rote Dose in Herzform, die von einer Duftkerze
ausgefüllt ist. Zu beziehen für ca. 0,40 Euro/Stck. bei Hach AG, Postfach
70, D-64398 Groß-Bieberau, Tel. 0 61 62 / 803 -88, Fax / 803-31. Oder Sie
lassen eine Gruppe solche Kerzen in Herzform selbst gießen.
Bestellen Sie einige mehr als Sie TeilnehmerInnen erwarten, denn er-
fahrungsgemäß möchten viele nach der Bußfeier noch solch ein Herz-
chen erwerben, um es an Kranke usw. weiterzuschenken.

Lied

Im Advent: Tau aus Himmelshöhn: GL 103 (Licht, das die Nacht erhellt)
In der Fastenzeit: O Herr, nimm unsre Schuld: GL 168

Begrüßung und Hinführung

Danke, dass Sie der Einladung zur Bußfeier gefolgt sind. Es erhöht die
Chance, dass Gott jetzt Entscheidendes an uns vollbringen kann.

Gebet

Lasset uns beten: So komm, Heiliger Geist, in unsere Herzen. Belebe
uns, bewege uns, mache uns neu, damit unsere erschlafften Herzen aus
deiner Kraft heraus neu entzündet werden. Darum bitten wir durch
Christus, unseren Herrn, dessen Herz für uns brennt – heute, morgen
und in Ewigkeit.

Überleitung zur Gewissenserforschung / Meditation

Wir nehmen das Herz, das wir am Eingang bekommen haben, in unsere
Hand und öffnen es. Wir werfen gleichsam einen Blick in unser Herz. In
der Dose sehen wir eine Kerze aus steifem, hartem Wachs. So befindet
sich auch in unserem Herzen genügend „Wachs", das – wenn es entzün-

det wird – unsere Welt heller machen kann. Aber vieles ist verhärtet, manches wie zu Stein geworden und oft fehlt uns der Mut, den Docht wieder zu entzünden oder entzünden zu lassen.
Zunächst überlegen wir, wo sich unser Herz verhärtet hat.

(Bitte auswählen und mit Liedern unterbrechen)

I. Ein Herz aus Stein

1. Zu Hause
Mutter Teresa sagte einmal: „Da engagiert sich eine Mutter für die Armen in aller Welt, aber sie lehnt ihr eigenes Kind ab, weil es mit schreienden Farben im Haar herumläuft. Wie können wir die Armen lieben, wenn wir unsere eigenen Kinder nicht zuerst lieben? Lieben, bis es weh tut!"
Ein Beispiel: Ein Vater will sein Kind strafen, weil es etwas getan hat, für das es seiner Meinung nach eine Menge Prügel verdient hat. Er trägt ihm auf, im Garten nach einem Stock zu suchen, den er ihm bringen soll. Der kleine Junge bleibt lange fort. Schließlich kommt er weinend zurück und sagt: „Ich habe keinen Stock finden können, aber hier hast du einen Stein, den kannst du ja nach mir werfen!" Da sah der Vater plötzlich alles mit den Augen des Kindes, spürte einen Kloß im Hals und nahm seinen Sohn in die Arme. Den Stein aber legte er auf seinen Schreibtisch, um sich zu erinnern.

> Nach Astrid Lindgren, 1978 bei der Verleihung des Friedenspreises des Deutschen Buchhandels; Originalwortlaut siehe „Kurzgeschichten 3", Nr. 21

- Schlagen wir gelegentlich ein Kind, um es so auf einen besseren Weg zu bringen? Mit welchem meiner Kinder lebe ich momentan wie in einer Eiszeit? Gebe ich meinen Kindern seelische Sicherheit? – Habe ich Zeit für sie, wenn sie in meine Arme wollen? – Gebrauche ich in der Familie manchmal Worte, die wie Steine verletzen? – Wem habe ich ein versteinertes Gesicht gezeigt? – Ist eisiges Schweigen eine meiner Waffen?

2. Nachbarschaft und Verwandtschaft
Spr.: In der Fernsehsendung „Wetten, dass ..." werden bei der so genannten Saalwette in der Regel die tollsten Vorschläge eingelöst. Große Überraschung aber am 15.9.1990: Es sollten zehn in Prozesse verwickelte Nachbarn erscheinen und vor den Fernsehnationen ihren Streit beenden. Es erschien – niemand. Der Mode-

rator Thomas Gottschalk musste im Anzug eine Runde durch den Pool schwimmen. Er kommentierte zwar den Vorfall mit: „Vielleicht gibt es in dieser Stadt keine verfeindeten Nachbarn!", aber bei der heute im Zunehmen begriffenen Prozesswelle wirft dieses Ergebnis ein deutliches Schlaglicht auf das Thema „Versöhnung" –, wenn es die eigene Haut betrifft.

- Stimmen die Beziehungen zur Nachbarschaft und Verwandtschaft? – Habe ich Güte vermissen lassen? – Kann ich gut gemeinte Geschenke annehmen, ohne mich gleich dafür zu revanchieren? – (Gutes nicht annehmen können, zeigt vielleicht mehr Versteinerung des Herzens als nicht schenken können!) – Verurteile ich vorschnell, ohne die Gegenseite gehört zu haben? – Zeige ich die kalte Schulter, wenn das Gartentor der Versöhnung angelehnt ist?

3. Die weite Welt

Wenn ich Sie fragen würde: „Was ist das Gegenteil von Liebe?", würden Sie wahrscheinlich antworten: „Hass". Es ist aber die Gleichgültigkeit. Denn solange einer den anderen noch ärgert oder anbrüllt, ist er ihm ja noch wichtig. Doch ein gleichgültiger Mensch kann über Leichen gehen. Der Nobelpreisträger Elie Wiesel berichtet von einer Beobachtung, die er machte, als er vierzehnjährig im Viehwaggon nach Auschwitz abtransportiert wurde: „Als wir zusammengetrieben wurden, sah ich im gegenüberliegenden Fenster ein Gesicht; ein nichtssagendes, alltägliches, gelangweiltes Gesicht, in dessen Zügen sich kein Mitleid spiegelte, weder Freude noch Schrecken, nicht einmal Zorn oder Neugierde!"

- Wir sind oft bis in die Haarspitzen informiert über Not und Elend in der Welt: Wem nützt das, wenn wir uns mittlerweile ein Konsumentenherz zugelegt haben? Bin ich hart wie Stein und finde genügend Ausreden, wenn es ums Teilen geht? Wir prüfen unser Herz an folgender Geschichte:

1. Spr.: Ein junger Mann bemühte sich, christlich zu leben. Doch dann und wann befielen ihn Zweifel, ob er auch auf dem richtigen Kurs sei. Eines Tages sagte er: „Wie gut wäre es, wenn mir der Herrgott – meinetwegen im Traum – irgendwie zeigen würde, was ich total falsch mache; ich möchte da eine Sicherheit haben."

2. Spr.: Und eines Nachts hatte er einen Traum: Der Herrgott führte ihn nacheinander in zwei Zimmer. Das erste war herrlich eingerichtet und auf einem Tisch lag eine beträchtliche Menge Geld. Das andere Zimmer sah recht ärmlich aus. Auch hier stand ein Tisch, aber darauf lag nur sehr wenig Geld.

1. Spr.: Während der junge Mann noch überlegte, was das wohl bedeuten soll, vernahm er eine Stimme, die zu ihm sagte: „Hier siehst du das Geld, das du bisher für bedürftige Menschen ausgegeben hast. Im Raum nebenan war das Geld, das du für deine Zwecke und Luxusdinge aller Art verwendet hast."

2. Spr.: Bei diesen Worten erschrak der junge Mann. Im gleichen Moment erwachte er. Seitdem war er recht nachdenklich, wenn es darum ging, sein Geld auszugeben.

Franz Melcher

(Hier oder früher können auch spezielle Fragen an Männer und Frauen eingefügt werden:

- *Speziell an die Männer gerichtet:* Erlaube ich mir, einmal krank zu sein oder nehme ich starke Pharmaka – im Anzug versteckt – erst am Arbeitsplatz, damit es niemand merkt? Nur nicht barmherzig mit sich selbst sein! – Zeige ich Gefühle oder lese ich auch den Ratgeber für das Bett so, als ob Kupplung und Gas zu bedienen seien? – Verweigere ich ein Zwiegespräch bei einem Konflikt in der Ehe? – Trage ich das Eis vom Arbeitsplatz auch noch in die Familie? – Könnten Sie Ihrem Sechzehnjährigen sagen: „Ist was? Du hast so traurige Augen!" – Geben Sie sich ihm gegenüber keine Blöße? Könnten Sie ihn noch umarmen? – Habe ich auch in Sachen Glauben nur Vernunft im Kopf oder hat dabei auch das Herz eine Chance?
- *Speziell an die Frauen gerichtet:* Ziehen Sie den Sohn der Tochter vor? Verwöhnen Sie ihn im so genannten „Hotel Mama"? Möchten Sie ihn ganz für sich haben und ihn – wie die Hexe im Märchen „Hänsel und Gretel" ganz ins Ställchen einsperren, sobald sich ein weibliches Wesen nähert? Ist deshalb aus Ihrem Sohn ein verhätschelter, verwöhnter „Prinz" geworden, mit dem sich andere herumschlagen müssen? Haben Sie ihm die Rolle des Paschas zugestanden, an der junge Frauen kaputt gehen können? – Helfen Sie Ihrem Mann, ein Stück Verantwortung im Haushalt zu übernehmen, oder glauben Sie, ihn bereits zur Partnerschaft erzogen zu haben, wenn er mal den Mülleimer wegbringt?)*

Lied
Im Advent: Wir sagen euch an: GL 115, 3. und 4. Str. (mit „Tragt eurer Güte hellen Schein weit in die dunkle Welt hinein").
In der Fastenzeit: Sag ja zu mir: GL 165 (mit VorsängerIn) oder: Weil du ja zu mir sagst: „Troubadour" 589 (alt 76).

Lesung aus dem Buch Ezechiel

Einleitung: Wer den Geist Gottes zulässt, erhält ein brennendes Herz. – So spricht Gott, der Herr: Ich schenke euch ein neues Herz und lege einen neuen Geist in euch. Ich nehme das Herz von Stein aus eurer Brust und gebe euch ein Herz von Fleisch. Ich lege meinen Geist in euch und bewirke, dass ihr meinen Gesetzen folgt und auf meine Gebote achtet und sie erfüllt. Dann werdet ihr in dem Land wohnen, das ich euren Vätern gab. Ihr werdet mein Volk sein und ich werde euer Gott sein (Ez 36,26–28).
Alternative: 2 Kor 4,5–18: Ein Schatz in zerbrechlichen Gefäßen.

Sie spüren, unsere Körperwärme hat das Wachs im Herzen schon weicher werden lassen. Und riechen Sie mal daran: Es geht bereits ein Duft von unserem Herzen aus! Die Gewissensfragen sollen unsere Bereitschaft zum Guten nicht in Frage stellen, sondern die Stellen aufspüren, wo sich Verhärtungen gebildet haben. Besonders Männer haben höhere Chancen, länger zu leben, wenn ihr Herz richtig auftaut. Denn laut Statistik sterben sie im Durchschnitt sieben Jahre früher als Frauen, haben fünfmal häufiger Bronchialkrebs und dreimal häufiger Asthma (zitiert nach WHO/Weltgesundheitsorganisation). Kein Zufall, wenn der Körper so zurückschlägt, denn sie sind gegenüber ihren Gefühlen oft viel verschlossener als Frauen.

Aber immer noch kann einer Zweifel haben, ob es „was bringt", wenn er sein Herz brennen lässt. Manche vergessen über die Selbstverwirklichung, die bis zu einem bestimmten Maß erfüllter leben lässt, was eigentlich der Sinn unseres Lebens ist; was uns innerlich zufriedener machen kann! Wir hören dazu einen Dialog zwischen Herz und Kerze:

1. Spr.: Nein, das hatte es noch nicht gegeben: Eine Kerze, die nicht brennen wollte, war absolut einmalig – und gerade die auf dem Leuchter! Es herrschte große Aufregung unter den Kerzen im Wohnzimmer – zumal bald (Weihnachten) gefeiert werden sollte und die Kerzen mit ihrem festlichen Glanz die Dunkelheit verwandeln wollten. Unser Herz bot sich an, mit der Kerze, die nicht brennen wollte, zu reden: „Nein, ich möchte nicht brennen", antwortete die Kerze störrisch. „Wer brennt, verbrennt recht bald, und dann ist es um ihn geschehen. Ich möchte bleiben, wie ich bin – so schlank, so schön und so elegant."

2. Spr.: „Wenn du nicht brennst, bist du tot, noch bevor du gelebt hast", antwortete das Herz gelassen. „Dann bleibst du auf ewig Wachs und Docht. Und Wachs und Docht sind nichts. Nur wenn du dich entzünden lässt, wirst du, was du wirklich bist."

1. Spr.: „Na, da danke ich schön", entgegnete die elegante Kerze. „Ich möchte mich nicht verlieren, ich möchte lieber bleiben, was ich jetzt bin. Gut, es ist etwas langweilig und manchmal etwas dunkel und kalt, aber es tut noch lange nicht so weh wie die verzehrend flackernde Flamme."

2. Spr.: „Man kann es eigentlich nicht mit Worten erklären, man muss es erfahren", antwortete das Herz rätselhaft. „Nur wer sich hergibt, verwandelt die Welt, und indem er die Welt verwandelt, wird er auch mehr er selbst. Du darfst nicht über das Dunkel und die Kälte klagen, wenn du nicht bereit bist, dich anstecken zu lassen."

1. Spr.: Da ging der Kerze plötzlich ein Licht auf. „Du meinst, man ist das, was man von sich herschenkt?"

2. Spr.: „Ja", antwortete das Herz. „Man bleibt dabei nicht so schlank, so schön und so elegant. Man wird gebraucht und gerät auch etwas aus der Form. Aber man ist mächtiger als jede Nacht und alle Finsternis der Welt."

1. Spr.: So geschah es, dass die Leuchterkerze ihren Widerstand aufgab und sich entzünden ließ. Je mehr sie flackerte, umso mehr verwandelte sie sich in reines Licht und leuchtete und strahlte, als gelte es, die ganze Welt zu wärmen und alle Nächte hell zu machen.

> Nach Ulrich Peters, aus: ders., Herders großes Weihnachtsbuch,
> Verlag Herder, Freiburg ²1994, S. 25

Stille

Lied
Wir bitten im Lied um den Geist, der unsere Zweifel und unser Zagen besiegen kann:
Jederzeit: Komm, Schöpfer Geist: GL 245, 1. und 4. Str.;
Im Advent: Weg, den ein Stern erhellt: „Troubadour" 500 (alt 322);
In der Fastenzeit: Dein Geist weht, wo er will: „Troubadour" 82 (alt 493);
(Während der 4. Strophe von GL 245 entzünden Ministrantinnen und Ministranten Dochte oder ihre „Herzen" und geben das Licht weiter – dabei langsam das Licht in der Kirche herunterschalten)

Achten Sie darauf, *wie* das Licht zu Ihnen gelangt! Es geschieht durch Empfangen und Weitergeben. Und nur durch Empfangen und Weitergeben lassen sich Partnerschaft und Nachbarschaft und weltweite Solidarität lebendig halten, also im Nehmen und Geben, im Geben und Nehmen. Wer ist kränker: Einer, der nicht mehr geben kann oder einer, der sich nicht mehr beschenken lassen will?

II. Ein brennendes Herz

Wir brauchen nicht aus eigener Kraft ein brennendes Herz zu zeigen. Rein „menschlich" gesehen, ist Gutheit oft Dummheit.

Im Advent: Der Grund für das brennende Herz eines Christen ist ein anderer: Gott hat uns an Weihnachten sein Allerliebstes, sein Herz, seinen Sohn geschenkt. Wenn wir uns diese gute Nachricht vor Augen halten, brennt uns dann nicht – wie den Emmaus-Jüngern (Lk 24,32) – das Herz in der Brust?

Darauf antworten wir als Menschen, indem wir „mit Herz" durchs Leben gehen. So singen wir an Weihnachten: „Mein Herz will ich dir schenken" (GL 140, 1. und 2. Str.). – (Hier kann jetzt GL 552: „Alles Leben ist dunkel" gesungen werden: Gott hat ein Herz für den Menschen: Jesus ist dieses Herz!)

In der Fastenzeit: Der Grund, ein brennendes Herz zu zeigen, ist ein anderer:

Am Kreuz hält uns Jesus seine Arme ausgebreitet entgegen, als ob er sagen würde: „Komm doch in meine Arme – so wie du bist!" Er hat sich gleichsam auf die Haltung des barmherzigen Vaters festnageln lassen, der den verlorenen Sohn – die verlorene Tochter – mit ausgebreiteten Armen empfing. Wir müssen uns das klar machen: Als der jüngste Sohn seinen Teil des Erbes forderte, erklärte er praktisch den Vater für tot; denn auch damals wurde erst geerbt, wenn der Vater gestorben war. Als patriarchalischer Vater hätte er sich bei der Rückkehr des Sohnes vielleicht beleidigt abringen können: „So, nun robb mal auf den Knien näher und dann sehen wir mal, ob du an meinem Hof noch einen Sklavendienst verrichten kannst." Aber dieser Vater der Bibel (Lk 15) läuft dem Sohn entgegen und umarmt ihn voller Freude, noch bevor der sein Sündenbekenntnis gesprochen hat! Dann wird ein „Fass aufgemacht", ein Fest gefeiert, bei dem der Sohn den Siegelring über den Finger gestreift bekommt, also in alle seine Rechte wieder eingesetzt wird. Kein Wunder, dass der ältere Bruder erzürnt dem Fest fernbleibt! So eine unbeschreibliche Liebe erwartet auch uns – vom Wichtigsten, den wir uns vorstellen können, von Gott! Brennt uns bei dieser frohen Botschaft nicht – wie den Emmaus-Jüngern (Lk 24,32) – das Herz in der Brust? Denn da kann unsere Antwort doch nur sein, auf dieses Geschenk mit einem brennenden Herzen zu antworten.

Hier kann jetzt GL 552: „Alles Leben ist dunkel" gesungen werden:
Gott hat ein Herz für den Menschen. Jesus ist dieses Herz (Jesus kam,
um diese Liebe Gottes weiterzusagen und auch selbst zu beweisen, indem er sein Leben für die Menschen hingab)!

1. Die Welt ins Gebet nehmen

Ein brennendes Herz leidet mit, wenn ein Glied am Körper der Menschheit leidet, erst recht am Leib Christi. So sagte ein Rabbi einmal: „Von
der Not eines jeden Menschen, der mich gebeten hat, für ihn bei Gott zu
bitten, bleibt eine Spur in mein Herz eingeritzt. In der Stunde des Gebetes öffne ich mein Herz und sage: ‚Herr der Welt, lies ab, was hier ge-
schrieben steht!'"

Vgl. „Kurzgeschichten 5", Nr. 106

- Bete ich auch in Anliegen, die über den Kreis der mir Anvertrauten
  hinausgehen? – Nehme ich mir überhaupt noch Zeit, Gott mein Herz
  in der Stille zu öffnen? – Fließt aus meinem Gebet auch die Tat, wenn
  sie mir möglich ist? – Pflege ich noch ausreichend den Dialog in Ehe
  und Familie und meine Freundschaften, damit diese Beziehungen lebendig bleiben und nicht verdunsten? Begleite ich mein Bemühen
  dabei mit Gebet?

2. Aus dem Vertrauen leben – und so anders leben

Heilige hatten ein Herz, das unermüdlich brannte. Sie lebten ganz aus
dem Vertrauen auf Gott. Das wirkte bis in die alltäglichen Begegnungen.
Wir hören eine Begebenheit aus dem Leben des hl. Don Bosco, der 1888
starb:

Spr.: Da war ein jugendlicher Dieb, sechsmal hatte er dafür schon ge-
sessen. Dann brachten Freunde ihn zu diesem „Schwarzrock". Er
war sich sicher, hier blieb er nicht lange! Don Bosco schaute ihn
an, lächelte und sagte: „Wir sind hier eine große Familie, Freunde" und gab ihm einen Tresorschlüssel mit den Worten: „Hol aus
dem Kassenschrank hunderttausend Lire! Ich brauche sie." Im
Dieb rotierte alles: Zusammenraffen, abhauen, gut leben! Aber
dieser Bosco hatte ihn bisher nicht angebrüllt, wie er es sonst
von Erwachsenen gewöhnt war! Kurz: Er brachte ihm das Geld.
Dann fing er ein Leben als Schneider an.

- Weil uns der Glaube an den barmherzigen Gott einen festen Stand geben kann, fragen wir uns: Gebe ich dieses Vertrauen weiter – durch
  meine Geduld, mein Wohlwollen, meine Freundlichkeit? – Halte ich
  die Flamme des Glaubens am Arbeitsplatz hoch oder stülpe ich dort

einen Eimer über meine christliche Überzeugung? Die Kolleginnen und Kollegen brauchen nur um mein Rückgrat zu wissen und schon verändere ich die Gespräche! – Zeige ich die Flamme meines Vertrauens auf Gott auch spürbar in der Gemeinde oder verhalte ich mich nur wie ein Zuschauer auf der Tribüne? Ich rufe mal Lob und Tadel in die Runde, aber mich als Mitspieler oder Trainer in einer Gruppe engagieren?: Kommt nicht in Frage!

Natürlich gibt es Ruß in der Flamme der Kirche durch all die Selbsttore oben und unten, aber haben wir eine echte Alternative? Darum zeigen wir doch die Flamme unserer Überzeugung offener!

3. Die innere Haltung verändern

Ein brennendes Herz braucht nicht nach der Meinung der Leute zu fragen. Es verändert seine Haltung bis ins Innerste. Wir hören, was damit gemeint ist:

1. Spr.: Ein Fürst in China – ein Mandarin – gibt ein großes Fest. Viele angesehene Bürger sind eingeladen. Die meisten Gäste kommen mit vornehmen Kutschen. Es beginnt zu regnen. Vor der Toreinfahrt bildet sich eine große Pfütze.

2. Spr.: Ein Wagen hält direkt neben der Pfütze. Ein vornehm gekleideter, älterer Herr steigt aus, bleibt am Trittbrett hängen und fällt der Länge nach in die Pfütze. Mühsam erhebt er sich wieder. Er ist von oben bis unten beschmutzt und sehr traurig. Denn so kann er sich auf dem Fest ja nicht mehr sehen lassen. Ein paar andere Gäste machen spöttische Bemerkungen.

1. Spr.: Ein Diener, der den Vorfall beobachtet hat, meldet ihn seinem Herrn, dem Mandarin. Dieser eilt sofort hinaus und kann den beschmutzten Gast gerade noch erreichen, als dieser zurückfahren will. Der Mandarin bittet den Gast, doch zu bleiben, ihm würde der Schmutz an seinen Kleidern nichts ausmachen. Doch der Gast hat Angst vor den Blicken und dem Getuschel der Leute und lehnt ab.

2. Spr.: Da läßt sich der Mandarin mit seinen schönen Gewändern in dieselbe Pfütze fallen, so daß auch er von oben bis unten voller Dreck ist. Er nimmt den Gast an der Hand und zieht ihn mit sich. Sie gehen beide, beschmutzt wie sie sind, in den festlich geschmückten Saal. – Keiner wagt es, etwas über den schmutzigen Gast zu sagen!

Ralf Johnen, aus: Materialdienst, Rheinischer Verband für Kindergottesdienst, Hilden, Ausgabe 37, 2/87; Rechte beim Autor

- Ist mir die Meinung der Umgebung wichtiger als das, was mein Herz
erspürt? Stelle ich mich manchmal solidarisch neben die Menschen,
die in eine Pfütze des Lebens gefallen sind?

Alternative:

1. Spr.: Gib uns ein brennendes Herz, Herr und Gott,
das fähig ist, Licht und Wärme auszustrahlen;
mit anderen zu empfinden; Freud und Leid zu teilen.
Gib uns ein brennendes Herz,
das fähig ist, Hoffnung und Zuversicht zu vermitteln;
Vertrauen zu erwecken und Vertrauen zu schenken.

2. Spr.: Gib uns ein Herz, Herr und Gott, das fähig ist,
sich in Liebe zu verschenken, ohne Gegenliebe zu erwarten;
Risiken auf sich zu nehmen, um Not zu lindern.
Gib uns ein Herz, das fähig ist,
jedem Menschen seine Freiheit zu gewähren und zu garantieren;
die Zeichen der Zeit zu erkennen und klug auszulegen.

1. Spr.: Gib uns ein Herz, Herr und Gott, das fähig ist,
das Wagnis mit der Wahrheit einzugehen
und dadurch zu überzeugen;
sich für das Evangelium einzusetzen
und auch danach zu handeln.
Gib uns ein Herz, das offen ist
für die Not eines Mitmenschen.

2. Spr.: Gib uns ein Herz, Herr und Gott,
das fähig ist, den Dialog zuzulassen,
um dadurch eine gute Zukunft zu eröffnen;
das fähig ist, dich immer mehr zu verherrlichen!

Heinz Pangels im „Anzeiger für die Seelsorge" 10/96, S. 512. Verlag Herder,
Freiburg, und in Heinz Pangels: „Vertrauter Umgang mit Gott – Denkanstöße"
Verlag Haag + Herrchen, Frankfurt/Main 1996, S. 94/95. Rechte beim Autor

Lied
Jederzeit: Liebe ist nicht nur ein Wort: „Troubadour" 2 (alt 2)
oder: Ein Funke ist genug: „Troubadour" 7A, 1. und 3. Str. (alt 6A)

Schuldbekenntnis
Wir stellen uns vor Jesus hin, der oft mit einem geöffneten, flammenden
Herzen gezeigt wird als der Hirt, der für die Schafe den Tod auf sich
nimmt oder dem verlorenen Schaf nachgeht, bis er es gefunden hat. Vor
diesem Herz Jesu bekennen wir unsere Schuld: Ich bekenne …
Lossprechungsbitte.

Aktion

Nehmen Sie das Herz mit nach Hause. Entflammen Sie es bitte bei den nächsten Abendgebeten. Schauen Sie dabei in die Flamme und überlegen Sie, an welcher Stelle Sie mehr brennendes Herz zeigen können. Wenn Sie möchten, können Sie auch anderen so ein Herz schenken und die wesentlichen Gedanken dabei weitererzählen. Für zusätzliche Kerzen geben Sie aber bitte ein kleines Entgelt. .

Segen – Schlusslied

Jederzeit: Ihr seid das Salz der Erde: „Troubadour" 620
oder: Einer hat uns angesteckt: „Troubadour" 8 (alt 116);
Du bist das Licht der Welt: „Troubadour" 1098 (alt 59).
Im Advent: Gott, heilger Schöpfer: GL 116;
oder: O Heiland, reiß die Himmel auf: GL 105, 5. Str.: O klare Sonn ...

32. Stationen auf dem Kreuzweg
(Für Kinder und Jugendliche. Passionszeit)

Hinweis

Die unten ausgeführten Kreuzwegstationen sind mit anderen austauschbar. Mir geht es auch darum, aufzuzeigen, dass die Ausstattung einer katholischen Kirche genügend Fixpunkte aufweist, die eine anschauliche Bußfeier ohne viel Aufwand ermöglicht.

Lied zu Beginn

Weil du ja zu mir sagst: „Troubadour" 589 (alt 76)
oder: Komm, Schöpfer Geist: GL 245

Halbkreis um ein Kreuz

(Wir stellen uns im Halbkreis um ein großes Kreuz, das Jesus mit ausgebreiteten Armen zeigt)
Nicht als Einzelne stehen wir hier, sondern wir sind im Halbkreis einer Gemeinschaft hier versammelt. Weil jede Sünde auch immer Auswirkungen auf die Gemeinschaft hat; jede Sünde auch unsere Bezüge zur Gemeinschaft stört.
Wir schauen auf die Arme Jesu, die in den Händen angenagelt sind. Er hält sie so immer für uns ausgebreitet. Wir dürfen uns vorstellen, dass er jetzt sagt: „Komm in meine Arme!" Wir dürfen uns in dieser Feier von

ihm umarmen lassen wie der verlorene Sohn (die verlorene Tochter), der nicht geohrfeigt und gemaßregelt wurde, als er zum Vater zurückkehrte, sondern von ihm eine herzliche Umarmung erfuhr. Weil sich Jesus also als ein Liebender und nicht so sehr als Richter zeigt, dürfen wir uns jetzt ohne Angst und Verschlossenheit auf den Weg machen. Drei Stationen des Kreuzwegs Jesu sehen wir uns näher an. Wir beginnen mit der dritten.

Dritte Station: Jesus fällt unter dem Kreuz

Immer, wenn Menschen den Leidensweg Jesu nachgehen, machen sie vor jeder Station als Zeichen der Verehrung eine Kniebeuge. Das versuchen wir auch und sprechen dazu:
„Wir beten dich an, Herr Jesus Christus, und preisen dich; denn durch dein heiliges Kreuz hast du die Welt erlöst."
(Jetzt Kinder oder Jugendliche die Station erklären lassen.)
Dreimal fiel Jesus unter dem Kreuz – wie auch wir unter einer Last leicht stolpern und fallen können. Aber was uns jetzt wichtig sein soll: Dreimal stand Jesus auch wieder auf und setzte seinen schweren Weg fort! Darum fragen wir uns:
• Lasse ich mich schnell entmutigen? Warum? – Trage ich lange nach, wenn mich einer beleidigt oder mir Unrecht angetan hat? – Brauche ich Stunden und Tage, um mit einer schlechten Arbeit oder einer schlechten Note zurechtzukommen? – War ich ungehalten, weil ich weniger begabt bin als andere? Habe ich Angst vor der Zukunft?
Wir schauen auf Jesus: Er stand wieder auf und ging weiter. Wir bitten ihn: Jesus, hilf mir, wenn ich gefallen bin, wenn mein Herz negativ gefüllt ist, möglichst schnell wieder aufzustehen und meinen Weg weiterzugehen.

Lied
Den Weg wollen wir gehen: „Troubadour" 731 (alt 144)

Sechste Station: Veronika reicht Jesus das Schweißtuch dar

Wir beten dich an ... (Kniebeuge – wie oben)
(Ein Kind oder ein Jugendlicher erklärt die Station)
Da war also eine junge Frau, die sich mutig einen Weg durch die Gaffenden bahnte, um Jesus ihr Taschentuch anzubieten, damit er sich Schweiß und Blut abwischen konnte. Eine kleine Liebestat. Wir schauen

dabei auf den Mut dieser Frau, die nicht fragt, was die anderen denken oder was augenblicklich „in" sein könnte, nein, sie lässt ihr Herz sprechen und geht los. – Wir fragen uns:

• Gehe ich mutig auf einen zu, der weint oder sich außerhalb der Gemeinschaft gestellt hat? Oder stimme ich mit in den Chor derer ein, die lachen, wenn einer stottert; die sich daran weiden, wenn einer einen Tadel oder eine schlechte Note einfängt; die einen Außenseiter – vielleicht einen Ausländer – auflaufen lassen; die einen Lehrer fertigmachen?

Stehe ich mutig zu meinem Glauben als Kirchgänger, als Ministrantin oder Ministrant? (Hier kann an den Mut des Patrons der Ministranten, den heiligen Tarzisius, erinnert werden, der sich lieber totschlagen ließ, als sein Geheimnis preiszugeben!) In der Bundesliga lassen sich Fans wegen der Fahne oder des Schals ihres Lieblingsvereins im Notfall sogar verprügeln! Ist mir Jesus auch so wichtig, dass ich für ihn Spott und Gelächter einstecken würde?

Lied
Was ihr dem geringsten Menschen tut: GL 619

Vierzehnte Station: Jesu Leichnam wird ins Grab gelegt

Wir beten dich an ... (Kniebeuge – wie oben)
(Ein Kind oder ein Jugendlicher erklärt die Station.)
Jede Krankheit erinnert uns daran, dass auch wir den Keim des Todes in uns tragen: Jeder Mensch muss erst sterben, bevor seine Seele im Tod einen neuen Körper bildet, der nicht mehr Raum und Zeit unterworfen ist. Viele Erwachsene stecken davor „den Kopf in den Sand" wie der Vogel Strauß vor einer großen Gefahr. Wehre ich mich auch innerlich dagegen, darüber nachzudenken? Dabei hat unser Glaube so viel Erfreuliches darüber zu sagen: Der Tod gehört zum Leben.

Das Leben des Menschen ist vergleichbar mit dem Schmetterling, der sich erst als Raupe auf Stummelfüßen mühsam durch den Staub vorwärts bewegt – immer Ausschau haltend, wo er etwas zu Fressen findet. Wenn sich die Raupe dann so voll gefressen hat, dass ihre Haut platzen kann, hängt sie sich irgendwo auf und scheint zu sterben. Aber dann, eines Tages – wir würden es nicht glauben, wüssten wir es nicht aus der Natur – erhebt sie sich als wunderschöner Schmetterling und kein Zaun oder Graben kann ihn am Fliegen hindern.

Auch wir werden einmal ins Grab gelegt. Was da im Sarg liegt, ist nur die Hülle des Kokons, die leere Puppe oder Raupe. Was da aufersteht, ist der Schmetterling, ist unsere Seele, die dann Flügel bekommt und vom irdischen Leib nicht mehr festgehalten wird.

Wer auf Jesus schaut, wer an Jesus sein Herz hängt, der wird mit Jesus auferstehen, der gesagt hat: „Ich lebe und auch ihr werdet leben!" (Joh 14,19).

Wer also von uns Angst hat vor dem Tod – vor dem Sterben haben wohl alle Menschen Angst, weil der Körper sich gegen seine Bestimmung wehrt –, der darf sich von Jesus an die Hand nehmen lassen, ihm ganz vertrauen.

Lied
Lass die kleinen Dinge: „Troubadour" 166 (alt 95)

Nochmals Halbkreis um das Kreuz

Wir stellen uns wieder im Halbkreis um das Kreuz, erinnern uns wieder an die Arme, mit denen uns Jesus – wie der barmherzige Vater – umarmen möchte, und bekennen vor ihm, dass wir oft hinter unseren Möglichkeiten geblieben sind.

Sündenbekenntnis
Ich bekenne: GL 353,4

Lossprechungsbitte
Der allmächtige Gott erbarme sich unser; er verzeihe, was wir falsch gemacht oder unterlassen haben, und schenke uns einen neuen Anfang. Wer wirklich von Herzen seine Schuld bereut, zu dem spricht er: (+) Nachlass, Vergebung und Verzeihung eurer Sünden gewähre euch der allmächtige und barmherzige Herr.

Hinführung zum Vaterunser
Wir verbinden uns untereinander mit den Händen und erinnern uns im Vaterunser daran – da wir jetzt die Verzeihung Gottes erfahren haben –, dass wir verpflichtet sind, dieses Verzeihen auch an andere, an unsere Schuldner, weiterzugeben, damit unsere Welt befreiter und damit erlöster wird: Vater unser …

Schlusslied
O Haupt voll Blut und Wunden: GL 179

Vertiefung

Wie bei einer Beichte gebe ich jetzt noch eine „Buße" auf: Ihr macht euch in der Kirche auf die Suche nach einem Kreuz (zum Beispiel auf oder an jeder Kreuzwegstation); vielleicht sucht ihr auch die Station auf, die euch eben am meisten berührt hat und sprecht dort ein Gebet (ein Vaterunser oder Gegrüßet seist du, Maria) für einen, von dem ihr wisst, dass er leicht am Boden liegen bleibt; oder für einen, der zu sehr dem Geschmack der Masse nachläuft; oder für einen, der mit dem Tod eines lieben Menschen nicht fertig wird. –
Gehet hin in Frieden!

Weitere Bußfeiern jeweils mit Gegenständen aus dem Alltag finden Sie in meinen Büchern „2 x 11 Bußfeiern"; „3 x 7 Bußfeiern"; „Umkehr. 25 Bußfeiern" sowie je vier in „Anschauliche Predigten für Kinder-, Jugend- und Familiengottesdienste" und „Anschaulich verkündigen. 30 Ideen zur kreativen Gottesdienstgestaltung". Alle im Matthias-Grünewald-Verlag, Mainz.

ZWEI ERSTKOMMUNIONFEIERN
(Festgottesdienst, Andacht und Dankmesse unter einem Symbol)

Die Verwendung von Symbolen bei Erstkommunionfeiern steht bei einigen Mitbrüdern und -schwestern in der Kritik: Das Symbol überdecke das Sakrament; es genügen Brot, Wein und Kerze. Prüfen Sie bitte selbst das erste Beispiel von der Perle: übersehbar, kostbar, rund, weiß ..., näher kann ein Symbol dem Lebensbrot doch gar nicht kommen! Ich finde, solche Symbole öffnen Zwischentüren des Herzens. Natürlich machen Eltern zunächst große Augen, wenn sie von einer Pusteblume als Symbol für die Erstkommunion hören. Aber lesen Sie sich zum Beispiel das Sprechspiel auf Seite 137f in der Festmesse durch. Sie werden feststellen, wie hilfreich solche Vergleiche für das Verständnis sein können.

33. Das kostbarste Geschenk. Symbol Perle

Vorbereitungen

1. *Im Mittelgang* der Kirche liegt eine Papierbahn in meerblauen oder -grünen Tönen bemalt oder der Boden wird mit Tüchern ausgelegt – aber so, dass die Mitfeiernden wie gewohnt rechts und links vorbeigehen können. Je nach Länge des Mittelgangs und der Anzahl der Kommunionkindergruppen kann jede Gruppe ca. 1–2 m gestalten: Zum Beispiel können offene Muscheln nachgebildet werden, in denen eine Perle liegt; der Name des Kindes oder der Begleiterin steht auf der Muschel. Oder jede Gruppe gestaltet eine Halskette, in der die vorbereitenden Personen die größeren Perlen darstellen. Vielleicht liegen auch offene Muscheln in einem Netz ...; Steine oder Sand, Seesterne, Muscheln aller Art usw. können das Ganze beleben.

Auf einer großen Tafel (bei uns 2 x 2 m) sind in der Mitte Kelch mit Hostie im Strahlenkranz zu sehen; um sie herum eine schimmernde Halskette mit so vielen Perlen wie Kommunionkinder. Der äußerste Kreis besteht aus den rund geschnittenen Fotos der Kommunionkinder.

Oder:

Eine riesige Schale zeichnen, in der aus der Vogelperspektive je nach Anzahl der Kommunionkinder schimmernde Perlen abgebildet sind. Die Fotos der Jungen und Mädchen werden um die Schale herum aufgeklebt.

Vor dem Altar ist ein Puzzle zu sehen (siehe Sprechspiel Festmesse). Es zeigt eine offene Muschel mit einer großen Perle, die auf Steinen am Wasser liegt. Sieben Puzzleteile sind einfügbar, auf deren Rückseite der Text steht. Das Puzzle sollte genau bis an die Altarkante reichen, damit Schale, Kelch und Bibel gut sichtbar bleiben (oder sie werden höher gestellt).

2. *An alle GottesdienstteilnehmerInnen* können einzelne *Muschelhälften* verteilt werden, in die eine preiswerte Kunstperle eingeklebt wurde. Wenn eine zu große Teilnehmerzahl der Festmesse davor abschreckt, kann die Idee auch erst für die Dankmesse umgesetzt werden.

3. Als *Kommunionandenken* haben wir kein Bronzekreuz mit einer geöffneten Muschel, die eine Perle enthält, entdecken können. Eventuell ein anderes Bronzekreuz auswählen.

4. Die Verzierung der *Kommunionkerze* mit diesem Symbol dürfte nicht zu schwer fallen. Hinzu kommen könnten noch Wasser, Sonne usw.

5. Für die *Predigt* wird eine große Muschel mit Unter- und Oberteil benötigt. In den unteren Teil ist eine Perle eingeklebt.

6. Sie können dazu auch ein *Dia* erwerben, das eine Perle in geöffneter Muschelschale zeigt. Erhältlich bei: Willi Hoffsümmer, Glescher Str. 54, D-50126 Bergheim-Paffendorf. Ca. 0,80 Euro/Stck. + Porto für Warensendung.

FESTGOTTESDIENST

Begrüßung
Auf das Motiv eingehen; besonders dann, wenn die GottesdienstteilnehmerInnen eine Muschelschale mit eingeklebter Perle erhalten haben.

Erneuerung des Taufgelöbnisses

L.: Schauen wir auf unsere Kommunionkinder. Sie tragen in den
Händen ihre brennenden Kerzen, die an die Taufe erinnern
(wie auch ihre weißen Gewänder). Damals haben noch Eltern
und Paten für euch die Antworten gesprochen. Jetzt seid ihr
groß genug, selbst den Glauben zu bekennen. So frage ich euch:
Widersagt ihr allem, was die Welt gemein macht und durcheinander bringen kann?

Kinder: Wir widersagen!

L.: Glaubt ihr daran, dass Gott jeden Menschen liebt und ihn als
Kostbarkeit, als sein Ebenbild betrachtet?

Kinder: Wir glauben!

L.: Glaubt ihr daran, dass er uns deshalb seinen Sohn gesandt
hat, der nach Leid und Tod herrlich auferstand?

Kinder: Wir glauben!

L.: Glaubt ihr daran, dass Jesus uns seinen guten Heiligen Geist
geschickt hat, der alle Menschen – besonders in seiner Kirche
– zu einer Gemeinschaft zusammenfügen will?

Kinder: Wir glauben!

L.: Dann bringt jetzt euer Licht zum Altar, damit es hier leuchte,
auch, weil ihr mitbauen wollt am Reiche Gottes. Dazu singen
wir das

Lied
Fest soll mein Taufbund immer stehn (in vielen Diözesananhängen des
GL)

Bußakt
L.: Drei Kinder helfen uns, über unser Leben nachzudenken.

1. Kind: Wir sind an den Wundern und Schönheiten dieser Welt achtlos
vorbeigelaufen. Manchmal sind wir blind für die Gaben Gottes.

L.: Herr, erbarme dich!   Alle: Herr, erbarme dich!

2. Kind: In jedem Menschen können wir einer kostbaren Perle begegnen. Wir aber rücken oft nur uns selbst ins rechte Licht.

L.: Christus, erbarme dich! Alle: Christus, erbarme dich!

3. Kind: In der Taufe sind wir in die Gemeinschaft der Kirche aufgenommen worden. Wir dürfen miteinander den Weg zum ewigen Fest suchen. Manchmal waren wir zu bequem und haben die anderen im Stich gelassen.

L.: Herr, erbarme dich! Alle: Herr, erbarme dich!

L.: Der barmherzige Gott neige sich uns zu, nehme uns an die Hand und führe uns wieder auf den richtigen Weg.

Glorialied

Tagesgebet

(Eventuell legen wir dazu die Muschel mit der Perle in unsere offenen Hände)
Herr, unser Gott! Welche Kostbarkeiten hast du uns anvertraut! Aber oft stehen wir mit leeren Händen da. Öffne uns in dieser Feier die Augen, entkrampfe unsere Hände und schenke uns ein weites Herz. Ja, lass uns bereit sein, deine Geschenke, deine Gnadengaben anzunehmen – durch Christus, unseren Herrn.

Kurzgeschichte

1. Kind: Tief im Meer lag eine Muschel. Sie hatte ihre Schalen ein wenig geöffnet und ließ das Wasser genießerisch über ihre Zunge fließen.

2. Kind: Plötzlich spürte sie einen stechenden Schmerz. Ein spitzer, kleiner Stein hatte sich in ihr festgesetzt.

1. Kind: Sie streckte ihren Muskel, um den ungebetenen Eindringling loszuwerden. – Umsonst! Der schmerzende Stein saß fest.

2. Kind: In ihrer Not bildete die Muschel um das Steinchen herum eine weiße Perlmutterschicht. Über viele Jahre wuchs sie langsam heran.

1. Kind: Schließlich war aus dem Steinchen eine Perle geworden. Als ein Fischer eines Tages die Muschel fand, freute er sich sehr.

2. Kind: Was einmal lästig und schmerzend war, das war zu einer kostbaren Perle geworden. – Aus Leid kann Heil erwachsen.

Nach Peter Frowein

Zwischengesang

Evangelium nach Matthäus

Einleitung: Wer möchte nicht etwas sehr Kostbares besitzen? –
Einmal erzählte Jesus folgendes Gleichnis: Mit dem Himmelreich ist es
wie mit einem Schatz, der in einem Acker vergraben war. Ein Mann ent-
deckte ihn, grub ihn aber wieder ein. Und in seiner Freude verkaufte er
alles, was er besaß, und kaufte den Acker. – Auch ist es mit dem Himmelreich wie mit einem Kaufmann, der schöne Perlen suchte. Als er eine
besonders wertvolle Perle fand, verkaufte er alles, was er besaß, und
kaufte die Perle (Mt 13,44–46).

Sprechspiel (Festmesse)

L.:   Ein Leben lang auf der Suche sein nach dem Schatz im Acker oder
       der Perle, die mein Leben verändert. Für das Kostbarste gäben
       wir alles hin! Heute geht es um die größte Kostbarkeit. Einige
       Kommunionkinder versuchen, uns die Augen dafür zu öffnen.

*(Die Kinder bringen jeweils ein Puzzleteil, sprechen den Text, der auf der
Rückseite aufgeklebt ist, und fügen das Puzzleteil ein. Die Kinder 8–10
stellen ihren Gegenstand über das Puzzle auf den Altar.)*

1. Kind: *(bringt das erste Puzzleteil)* Es gibt Dinge in der Welt, die sind
          unendlich kostbar: das klare Wasser; der fruchtbare Boden;
          Sonne und Regen zur rechten Zeit; Brot auf dem Tisch – jeden
          Tag. *(Puzzleteil an die vorgesehene Stelle einfügen)*

2. Kind: *(mit zweitem Puzzleteil)* Es gibt Werte im Leben, die sind unbe-
          zahlbar: das Licht unserer Augen; die saubere Luft, die wir at-
          men; die Stimme, mit der wir sprechen; Gesundheit an Leib
          und Seele. *(Puzzleteil einfügen)*

3. Kind: *(mit Puzzleteil)* Alles, was uns letztlich geschenkt ist, sollte uns
          dankbar machen: Wir sagen Gott „danke!" *und* all den Men-
          schen, die uns helfen, diese Gaben Gottes zu erhalten. *(Puzzle-
          teil einfügen)*

4. Kind: *(mit Puzzleteil)* Es gibt Kostbarkeiten, für die wir oft blind
          sind: die Wunder am Wege; die Herrlichkeiten in der Schöp-
          fung; die Begegnungen mit Menschen, die uns reicher machen.
          (Puzzleteil einfügen)

5. Kind: *(mit Puzzleteil)* Zu solchen Wundern zählt auch die Muschel.
          Ihre Schale wirkt oft rau, kantig und abweisend. Wir können
          uns sogar an ihr verletzen. *(Puzzleteil einfügen)*

6. Kind: *(mit Puzzleteil)* Aber ihr Inneres kann eine herrliche Perle bergen. Sie ist gewachsen aus Leid und Schmerz; aus einer tödlichen Bedrohung. Aus Unglück aber wurde Glück. *(Puzzleteil einfügen)*

7. Kind: *(mit Puzzleteil)* Auch Jesus hat für uns Menschen Not und Verfolgung angenommen, Kreuz und Tod. Darum ist er für uns die *kostbarste* Perle geworden. *(Puzzleteil einfügen)*

8. Kind: *(kommt mit Hostienschale)* Klein, rund und weiß wie eine Perle ist auch die heilige Kommunion: Jesus verbirgt sich in diesem Brot des Lebens, das „vom Himmel" kommt. – Ich stelle die Schale mit Hostien auf den Altar; über das Bild mit der kostbaren Perle.

9. Kind: *(bringt einen Kelch)* Dieser Kelch (mit Wein) erinnert an das Fest der Freude, das auf uns wartet: Heute – und einmal beim himmlischen Hochzeitsmahl. *(stellt den Kelch auf den Altar)*

10. Kind: *(bringt eine Bibel)* Ebenso kostbar sind uns die Worte, die Jesus gesagt hat. In der Bibel, dem Heiligen Buch, kann jeder die frohe Botschaft nachlesen. Sie lautet: Wir Menschen sind von Gott geliebt. In guten und bösen Tagen ist Gott uns nahe; besonders in seinem auferstandenen Sohn Jesus Christus. *(stellt die Bibel auf den Altar)*

Kurzpredigt

(Eventuell die Muschelschale mit der Perle noch einmal in die Hand nehmen)
Stichworte: Kurz das Geschenk des Tages umschreiben: Die kostbarste Perle Jesus Christus gibt sich uns hin im unscheinbaren Scheibchen Brot – übersehbar! Wie begegnen wir diesem Geschenk? An welcher Stelle rangiert es bei uns in der Werteskala? Das Kind ist dabei auf unser Vorbild angewiesen.
Für alle, die suchen: Wir bleiben ein Leben lang auf der Suche!

Meditationsmusik

Fürbitten (Festmesse)

L.: Herr, unser Gott. Du hast uns wunderbar erschaffen und noch wunderbarer erlöst. Wir rufen zu dir:

Mutter: Lass uns in Kirchen und Staaten, in den Familien und Partnerschaften die Kinder als das Kostbarste fördern, das uns anvertraut ist, – und schützen wie die Muschelschale die Perle. – *Liedruf.*

1. Kind: Hilf uns, dein Wort und dein Brot des Lebens als besonderes Geschenk aus deinen Händen anzusehen. Und dabei das Staunen und Danken nicht zu vergessen. – *Liedruf.*

Vater: Wir Männer zeigen oft nur unsere rauen Schalen. Bewege unsere Herzen, auch Störendes und Schmerzhaftes auszuhalten und unsere unverwechselbaren Schätze einzubringen. – *Liedruf.*

2. Kind: Nach der schönen Vorbereitungszeit in der Gemeinschaft der Gruppe bitten wir: Hilf uns, Wege zu finden, auch nach dem Fest noch diese Gemeinschaft „stark" zu machen. – *Liedruf.*

Tisch--vater: mutter/ Als Tischmutter (Tischvater) haben wir diese Jungen und Mädchen über etliche Monate begleiten dürfen. Auch im Namen der Jubilare, die vor 25 und 50 Jahren zur Erstkommunion gingen, sagen wir Dank für alle „Perlen" in dieser Gemeinde, die unser Miteinander schöner machen und uns etwas von dem erahnen lassen, was beim himmlischen Mahl noch auf uns zukommt. – *Liedruf.*

L.: Darum bitten wir dich durch Jesus Christus, der mit dir lebt und liebt in alle Ewigkeit.

Gabengebet

Herr, unser Gott. Wie du diese Gaben von Brot und Wein in Kostbares verwandelst, so lass auch in uns das Gute und Schöne wachsen und reifen – durch Christus, unseren Herrn.

Präfation

Wir danken dir, Vater im Himmel, weil alles kostbar und heilig ist, was du ins Leben gerufen hast. Besonders der Mensch ist einmalig und unverwechselbar, weil er nach deinem Bild und Gleichnis geschaffen wurde. In Jesus ist uns die wertvollste Perle geschenkt, weil er hinabtauchte in die Tiefe des Todes, um uns das Leben neu zu schenken. In seinem Licht können wir den Weg in die Ewigkeit finden, um einmal mit allen Engeln und Heiligen dir das Lob zu singen:

Nach der Wandlung (Festmesse)

L.: Wir nehmen unsere Muschel mit der Perle in die Hände und betrachten sie beim Gebet der Kinder:

1. Kind: Guter Gott! Eucharistie feiern heißt:
         Wir danken dir, unserem Schöpfer und Erlöser.
         Wir danken dir für die Kostbarkeiten des Lebens,
         für die wir manchmal blind sind.

2. Kind: Wir danken dir für dein Wort.
         Es tröstet unsere manchmal leeren Herzen.
         Es zeigt uns den Weg an den Kreuzungen des Lebens.

1. Kind: Wir danken dir für dein Brot des Lebens.
         Es stärkt unsere Seele.
         Es macht unsere Schultern stärker, Lasten zu tragen.

2. Kind: Wir danken dir auch für die Gemeinschaft in der Kirche.
         Gemeinsam fällt manches leichter.
         Wir dürfen ja auch nicht ohne die anderen bei dir ankommen.

L.:   Wir denken noch an unsere Kranken – und alle Verstorbenen,
         vor allem an die, die uns an einem Tag wie heute besonders
         nahe sind.

Hinführung zum Vaterunser
Schenke allen Menschen das tägliche Brot und was sie für die Seele
brauchen. Vater unser …

Hinführung zum Friedensgruß
Wir bilden mit unseren Händen eine Menschenkette …
Weil jeder von uns eine kostbare Perle ist, sehen Sie jetzt eine Perlenkette. Betrachten wir uns als eine solche: Der Friede des Herrn sei allezeit mit euch!

Orgelspiel zur Kommunion

Nach der Kommunion (Festmesse)
(L. spricht vor, die Kommunionkinder wiederholen jede Zeile)
Jesus, wir danken dir
für das Brot gegen die Angst.
Mit dir sind wir nicht allein.
Danke für das Brot gegen den Hass.
Du willst alle miteinander verbinden.
Danke für das Brot gegen den Tod.
In Jesus sind wir alle gerettet.
Danke für Jesus, die kostbarste Perle!

Schlussgebet

Herr, unser Gott. Du hast uns gestärkt mit deinen Kostbarkeiten: deinem Wort, deinem Brot und deiner Gemeinschaft hier. Lass uns den Weg
finden auf der Pilgerreise des Lebens zu deinem ewigen Fest. Darum bitten wir durch Christus, unseren Herrn.

Schlusslied

Es eignen sich: Weizenkörner, Trauben: „Troubadour" 207 (alt 75)
oder: Wie schön leuchtet der Morgenstern: GL 554, besonders die
2. Strophe: Du meine Perl, du werte Kron …

BAUSTEINE FÜR DIE DANKANDACHT

Lied zu Beginn
Nun lobet Gott im hohen Thron: GL 265

Begrüßung
*(Dabei werden die Paten in den Altarraum gebeten, die unter den mit
Zierwachs geschmückten Kommunionkerzen diejenige ihres Patenkindes
herausfinden sollen: ein Ratespiel mit der Wirkung, genauer hinzuschau-
en. – Dann stellen sich alle im offenen Halbkreis mit der Kerze um den
Altar. Jedes Kommunionkind steht vor seinem Paten / vor seiner Patin.)*

Bedeutung der Patenschaft
*(Die Paten entzünden wie damals bei der Taufe die Kerze ihres Patenkin-
des an der Osterkerze. Sie zeichnen auch noch einmal – wie damals – ihrem Patenkind ein Kreuz auf die Stirn. Jeder darf seit seiner Taufe seg-
nen; deshalb zeichnet nun das Patenkind ebenfalls ein Kreuz auf die
Stirn der Patin oder des Paten.)*

L.:   In acht Jahren geht Ihr Patenkind zur Firmung (bei uns jeden-
        falls mit 17 Jahren). Dann werden Sie meist wieder als Pate
        eingefordert. Bei der Salbung mit Chrisam durch den Bischof
        legen Sie dann dem Firmling die Hand auf die rechte Schulter
        und stehen dabei hinter ihm. Das will besagen: Sie stehen im
        Leben hinter Ihrem Patenkind. Es steht auch unter Ihrem
        Schutz. Sie gehen ihm voran im Bekenntnis, heutzutage Christ
        zu sein in einer weithin unchristlichen Welt. Sie dürfen sich
        dabei jetzt schon die kritischen Augen eines jungen Menschen
        vorstellen, der prüft, ob Ihr Bekenntnis mit Ihrem Leben über-
        einstimmt.

Umgekehrt dürfen Sie auch wissen, dass Sie nicht nur zum Beschenken da sind, sondern in diesen schwieriger werdenden Jahren der Begleitung auch den Schutzmantel des Gebetes um Ihr Patenkind legen dürfen.
Wir singen als Dank an Gott und für Ihre Patenschaft:

Lied
Nun danket all und bringet Ehr: GL 267
(dabei setzen sich wieder alle)

Sprechspiel mit Zeichnungen (Andacht)

Hinweis: Auch bei wenigen Kommunionkindern sollten die Bilder 8–10 nicht fehlen.

(Nacheinander zeigt jedes Kind sein gemaltes Bild nach allen Seiten, spricht dann seinen Text, den es von der Rückseite des hochgehobenen Bildes ablesen kann, und stellt sich danach gut sichtbar mit seinem Bild zum Halbkreis auf.)

L.: Wir sehen und hören, was die Kinder und die Familien noch alles zum Thema „Kostbarkeiten im Leben" und „Wunder am Wege" zusammengetragen haben.

1. Kind: *(zeigt sein Bild: einen Blick ins Meerwasser, in dem es von Leben wimmelt: vom Seestern über Korallen und Fischen bis zum Wal)*
Alles Leben kommt aus dem Wasser. Wir danken dem Schöpfer des Lebens für seine Phantasie. Wir bitten: Liebe Menschen, haltet das Wasser sauber! Sonst haben wir keine Zukunft!

2. Kind: *(zeigt sein Bild: eine Sonne, die ihre Strahlen über eine lebendige, schöne Welt wirft)*
Ohne Wärme kein Leben. Wir danken Gott für die Sonne, die aller Welt Wachstum und Farbe schenkt. Wir bitten: Liebe Menschen, schützt die Ozonschicht, damit die Strahlen der Sonne nicht zur tödlichen Gefahr werden.

3. Kind: *(zeigt sein Bild: einen bunten Regenbogen in den Farben von oben nach unten: rot, orange, gelb, grün, blau, indigo = dunkelblau, violett – über einer schönen Landschaft)*
Wenn das Licht der Sonne sich in Regentropfen bricht, leuchtet ein herrlicher Regenbogen auf. Wir schauen staunend auf dieses Wunderwerk der Schöpfung: Es will uns daran erinnern, dass Gott es gut meint mit uns Menschen.

4. Kind: *(zeigt sein Bild: einen blühenden Apfelbaum oder einen mit leuchtend roten Früchten auf einer Wiese)*
Ein herrlicher Apfelbaum! Bleiben wir vor so einem Wunder noch stehen? Oder sind wir dafür blind geworden durch all die Technik, die uns das Leben erleichtert? Wir Menschen stehen unserem eigenen Glück im Wege, wenn wir diese Schönheiten nicht mehr sehen.

5. Kind: *(zeigt sein Bild: einen Amethyst von der Seite: ein wenig wird sein graues Äußeres sichtbar, besonders aber die herrliche, leuchtende, kristalline Innenseite)*
Von außen sieht dieser Kristall wie ein öder Felsbrocken aus. Wer ihn vorsichtig aufschlägt, entdeckt eine herrliche Wunderwelt. So trägt jeder Mensch einen Schatz in sich. Es kommt darauf an, in Begegnungen mit ihm diesen Schatz zu heben.

6. Kind: *(zeigt sein Bild: ein Hühnerei, das im oberen Drittel aufbricht und das Köpfchen eines Küken erkennen lässt)*
Ein Ei wirkt steif und tot. Und doch kann ein quicklebendiges Küken sich herauspicken und ins Leben springen. Die Menschen wechseln im Tod aus den begrenzten „Eierschalen" dieser Welt in ein neues Leben. Wie der totgeglaubte Jesus aus dem Grab.

7. Kind: *(zeigt sein Bild: einen wunderschönen Schmetterling; am Rande kriechen Raupen)*
Wer eine Raupe zertritt, zerstört einen Schmetterling. Was einmal mühsam vorwärts kroch, fliegt jetzt spielerisch über alle Hindernisse. Was sich einmal im Staub krümmte, berauscht sich jetzt am Blütenduft. – Wir staunen und ahnen, was mit uns geschehen kann.

8. Kind: *(zeigt sein Bild: eine glänzende Perle in einer Muschel)*
Auch an einer Muschel kann ich blind vorbeilaufen. Ihre äußere Schale gibt ja nicht viel her. Aber über die herrliche Perle kann ich staunen und mich an ihr erfreuen. Sie ist entstanden aus Schmerz und Abwehr und unendlich viel Geduld. So geht auch der Weg des Menschen durch Leid und Kreuz zur Herrlichkeit der Auferstehung.

9. Kind: *(zeigt sein Bild: eine herrliche Perlenkette)*
Jeder Mensch ist wie eine kostbare Perle. Jede hat einen anderen einmaligen Glanz. In einer Gemeinschaft – wie in einer Perlenkette – fühlen wir uns wohl. Jesus will uns in der Ge-

meinschaft seiner Kirche zusammenhalten und uns immer wieder an seinem Tisch versammeln.

10. Kind: *(zeigt sein Bild: eine Hostie in einer kostbaren Monstranz)* Das einfache, weiße Brot der Hostie wird uns zur größten Kostbarkeit. Denn es schenkt uns verborgen Jesus Christus selbst. Darum ist eine Monstranz so aufwendig gestaltet: Sie zeigt uns das kostbarste Geschenk der Welt.

Sakramentaler Segen

Schlusslied

Zum Schluss ein Marienlied: Denn jede Muschel darf uns an Maria erinnern, die uns in Jesus die kostbarste Perle geschenkt hat.

BAUSTEINE FÜR DIE DANKMESSE

Tagesgebet

Herr, unser Gott. Gestern haben wir oft „danke" gesagt: den Paten und Gästen, weil sie gekommen sind und uns beschenkt haben. Wir möchten jetzt auch den Eltern und Geschwistern danken, die uns dieses schöne Fest möglich machten. Ganz besonders danken wir aber jetzt für das größte Geschenk, für das „Stückchen Himmel" im kostbaren Brot des Lebens, für Jesus Christus, der mit dir lebt und liebt in alle Ewigkeit.

Kurzgeschichte

L.: Wir hören die Geschichte von einer widerspenstigen Auster:

1. Kind: Einmal fand ein Vater beim Spaziergang am Meer mitten im Strandgut eine Auster. Sie war so groß, wie er noch nie eine gesehen hatte! Sie glänzte außerdem in dunkelblauer Färbung wie kostbares Porzellan. Vergeblich versuchte er, sie mit seinen Händen zu öffnen.

2. Kind: Der Vater nahm die Muschel seinen Kindern mit nach Hause. Sie standen bewundernd um sie herum. Schließlich machten sie sich daran, sie zu öffnen.

1. Kind: Zuerst legten sie die Auster stundenlang in Süßwasser. Dann versuchte es der kleine Sohn mit einem Hammer. Es gab ein dumpfes Geräusch, wie wenn er auf Hartgummi geschlagen hätte. Aber die Auster blieb unversehrt.

2. Kind: Schließlich versuchte es der Vater mit aller Gewalt: Er legte seine ganze Kraft in den Schlag. Aber der Hammer sprang von der Auster zurück, löste sich aus seiner Hand und bohrte sich in den Verputz der Wand. Schweigend und ratlos standen sie jetzt alle vor der Auster.

1. Kind: Da legte die kleine Tochter die Auster behutsam in ihre warme Handfläche und streichelte sie. Mit ihrem Stimmchen ging sie ganz nahe und sagte: „Bitte, bitte, liebe Auster, so öffne dich doch!"

2. Kind: Da – langsam – etwas vibrierend klappten die Schalen auseinander. Und sie sahen – eingebettet im Austernfleisch – eine wunderschöne, bläulich schimmernde Perle!

Nach Diethard van Heese

L.: Gewalt verhärtet oder zerstört. Liebe – wie Sonnenstrahlen – öffnet.

Evangelium nach Matthäus

Einleitung: Jesus wird hart mit denen ins Gericht gehen, die die Schätze der uns anvertrauten Kinder missbrauchen. –

Einmal kamen die Jünger zu Jesus und fragten: Wer ist im Himmelreich der Größte? Da rief er ein Kind herbei, stellte es in ihre Mitte und sagte: Amen, das sage ich euch: Wenn ihr nicht umkehrt und wie die Kinder werdet, könnt ihr nicht in das Himmelreich kommen. Wer so klein sein kann wie dieses Kind, der ist im Himmelreich der Größte. Und wer ein solches Kind um meinetwillen aufnimmt, der nimmt mich auf. Wer einen von diesen Kleinen, die an mich glauben, zum Bösen verführt, für den wäre es besser, wenn er mit einem Mühlstein um den Hals im tiefen Meer versenkt würde. Wehe der Welt mit ihrer Verführung! Es muss zwar Verführung geben; doch wehe dem Menschen, der sie verschuldet (Mt 18,1–7).

Kurzpredigt

Sie bringt die Kurzgeschichte und diese Bibelstelle in Beziehung: Das kostbarste Gut, die kostbarsten Perlen sind die Kinder, die uns vertrauen. Was uns da anvertraut ist, haben wir wie mit Schalen, mit schützenden Händen zu umgeben und mit Liebe und Verständnis ihre inneren Schätze zu öffnen und zu fördern. Nie mit Gewalt! Wer das Vertrauen zu den Menschen missbraucht, wer die Begeisterung der Kinder für Jesus (wenn es in der Vorbereitung gewachsen ist) leichtfertig zunichte macht, versündigt sich.

Fürbitten (Dankmesse)
(Bitte auswählen!)

L.: Mächtiger Gott! Wir sehen an Jesus, dass Kostbares aus Leid und Schmerz geboren wird. Wir bitten dich:

1. Kind: Für alle, denen Kinder anvertraut sind. Hilf ihnen, sie zu schützen und ihre Begabungen zu fördern. – *Liedruf.*

2. Kind: Für alle, die ihre Schätze verstecken. Schenke ihnen Vertrauen zu sich selbst, damit sie sich für die Menschen öffnen. – *Liedruf.*

1. Kind: Für alle, die andere verurteilen. Bewege ihre Herzen, dass sie über manches Ärgerliche hinwegsehen, um das Besondere und Schöne wahrzunehmen. – *Liedruf.*

2. Kind: Für alle, die nicht mehr an sich selbst glauben können. Lass ihnen Menschen begegnen, die ihnen neuen Mut und Hoffnung geben. – *Liedruf.*

1. Kind: Für alle, die in einem langen Prozess des Leidens die Geduld verlieren. Hilf ihnen, dass sie wieder Mut fassen und deiner Liebe vertrauen. – *Liedruf.*

2. Kind: Für uns selbst lasst uns bitten: Dass wir alles einsetzen, um die kostbarste Perle, das Himmelreich, zu gewinnen. – *Liedruf.*

L.: Denn du, ewiger Gott, möchtest alle Menschen und Völker zum himmlischen Hochzeitsmahl versammeln. Dafür ist dein Sohn gestorben und auferstanden. Ihm danken wir bis in alle Ewigkeit.

Alternative zu dieser Dankmesse

Eine Perlenkette und ein Rosenkranz werden gezeigt und verglichen: Die Perle entsteht aus tödlicher Bedrohung. Die Perlen des Rosenkranzes umkreisen Geheimnisse des Lebens, z.B. Verwundungen, Leid und Tod.

Es kann dabei auch der Aspekt der Gemeinschaft aufgezeigt werden: Die Perlenkette wird zerstört, wenn sie an einer Stelle reißt. Zum Rosenkranz findet sich oft eine Gemeinschaft, die im Gebet die Hilfe des Himmels erfleht und so Trost und Kraft vermittelt.

(Dazu kann auch die Geschichte eingesetzt werden: „Der geteilte Rosenkranz" aus „Kurzgeschichten 2", Nr. 173.)

Falls diese Anregung umgesetzt wird, kann man im Vorfeld als Geschenk den Rosenkranz ins Gespräch bringen.

34. Offen für den Himmel. Symbol Löwenzahn/Pusteblume

Vorbereitungen

1. *Auf einer großen Tafel* ist eine üppig blühende Löwenzahnwiese zu sehen, dazwischen aber auch Pusteblumen. Die Fotos mit den Gesichtern der Kommunionkinder sind wahllos über oder neben die Blüten geklebt.

   Im Mittelgang kann jede Gruppe ihre Vorstellungen vom Löwenzahn und der Pusteblume in einem Stück „Wiese" verwirklichen. Je nach Anzahl der Gruppen und der Länge des Mittelganges wird den Gruppen angegeben, wieviel Meter sie für die Gestaltung zur Verfügung haben. Das Ganze sollte durch ein grün getöntes Tuch oder einen grün getönten Papierläufer als Unterlage verbunden werden.

   Sehr schön wirken Pusteblumen aus Bastelwatte – zwischen kleine Steine oder in Blumentöpfe gesteckt. Auf den Pusteblumen können die Namen (oder Fotos) der Kommunionkinder angebracht werden.

   Vor dem Altar als achtteiliges Puzzle eine große Löwenzahnpflanze, die alle Verwandlungen zeigt: angefangen von der Knospe über die pralle Blüte, dem Verwelken bis zur Pusteblume mit den Samenkörnern an „Fallschirmen", die vom Wind fortgetragen werden (siehe Predigtspiel der Festmesse).

2. Die *Missio-Leuchtbox* zeigt auf der Folie 18.2 ein blühendes Löwenzahnfeld, auf F 10.1 eine Pusteblume in einer Sonne.

3. Zur *Andacht* werden Zeichnungen zum Thema „Verwandlung" angefertigt (Vorschläge/Anweisungen siehe Dankandacht).

4. Zur *Dankmesse* werden Löwenzahnsamen und eine Postkarte, die eine Pusteblume zeigt, benötigt, zum Beispiel Postkarte Nr. 7293 im Kunstverlag D-82488 Ettal (siehe Dankmesse).

5. Als *Kommunionandenken* habe ich nichts Treffendes gefunden und wich auf ein Bronzekreuz aus.

6. Die *Kommunionkerze* mit „Löwenzahn" aus Zierwachs versehen.

FESTGOTTESDIENST

Einzug – Begrüßung

Überall in der Kirche sehen Sie das Symbol „Löwenzahn", unter dem das diesjährige Fest der Erstkommunion steht und das uns dem Geheimnis dieses Tages näher bringen möchte.

Erneuerung des Taufgelöbnisses

L.:   Liebe Kommunionkinder! Die brennenden Kerzen und eure weißen Gewänder erinnern an den Tag eurer Taufe. Was der Priester oder Diakon damals Eltern und Paten an Fragen vorlegte, darf ich euch vereinfacht heute fragen:
Widersagt ihr allem, was unsere Welt böse und gemein macht (und alles durcheinander bringt)?

Kinder: Wir widersagen!

L.:   Glaubt ihr, dass Gott es gut mit uns meint?

Kinder: Wir glauben!

L.:   Glaubt ihr, dass er uns deshalb seinen Sohn gesandt hat, der uns nicht nur bis in den Tod liebte, sondern der auch von Gott auferweckt wurde zu neuem Leben?

Kinder: Wir glauben!

L.:   Glaubt ihr, dass die Geistkraft Gottes, der Heilige Geist, alle Gräben und Zäune überwinden kann und in jedem Menschen wirken will, der sich für ihn öffnet?

Kinder: Wir glauben!

L.:   Dann tragt jetzt euer Licht zum Altar, damit es aller Welt leuchte. Wir Erwachsenen singen dabei in Erinnerung an unsere eigene Taufe:

Lied

Fest soll mein Taufbund immer stehn (in vielen Diözesananhängen des GL)

Bußakt

L.:   Drei Kinder helfen uns, zunächst darüber nachzudenken, was wir falsch gemacht haben.

1. Kind: Die wirklichen Wunder sind leise. Wir finden sie oft am Wege oder sie begegnen uns im Alltag – wie eine Blume. – Weil wir oft blind daran vorbeilaufen:

L.:   Herr, erbarme dich!   Alle: Herr, erbarme dich!

2. Kind: Der Löwenzahn wagt sich manchmal sogar durch den Asphalt. Dann blüht er mitten im Lärm. – Weil wir oft den Mut verlieren, wenn uns scheinbar Unüberwindliches begegnet:

L.:   Christus, erbarme dich!   Alle: Christus, erbarme dich!

3. Kind: Eine Pusteblume lässt sich durch keinen Gartenzaun begrenzen. Ihre fliegenden Samenkörner überwinden sogar Meere und Berge. – Weil wir unseren Glauben oft ängstlich verstecken:

L.:   Herr, erbarme dich!   Alle: Herr, erbarme dich!

L.:   Der allmächtige Gott erbarme sich unser. Er mache uns dankbar für seine Gaben und Geschenke. Er zeige uns den Weg in ein erfüllteres Leben.

Glorialied

Tagesgebet

Guter Gott. Wie der Löwenzahn tief und zäh seine Wurzeln ins Erdreich verkrallt und kaum herausgerissen werden kann, so lass uns ganz in dir verankert sein – voller Vertrauen, Hoffnung und Liebe. Darum bitten wir …

Evangelium nach Johannes

Einleitung: Im Schöpfungsbericht hauchte Gott den Adam an, um ihm das Leben zu schenken. Jesus hauchte nach der Auferstehung seine Jünger an, um sie zu neuen Menschen zu machen. –

Die Jünger hatten aus Furcht vor den Juden die Türen verschlossen. Da kam Jesus, trat in ihre Mitte und sagte zu ihnen: Friede sei mit euch! Nach diesen Worten zeigte er ihnen seine Hände und seine Seite. Da freuten sich die Jünger, dass sie den Herrn sahen. Jesus sagte noch einmal zu ihnen: Friede sei mit euch. Wie mich der Vater gesandt hat, so sende ich euch! Nachdem er das gesagt hatte, *hauchte* er sie an und sprach: Empfangt den Heiligen Geist! (Joh 20,19–22).

Nachwort: Herr, durch diese Worte hauche auch uns an!

Liedruf

Eine freudige Nachricht breitet sich aus: Text und Melodie: M.G. Schneider, Christophorus Verlag/Verlag Ernst Kaufmann

Sprechspiel zur Predigt

L.:   Die Kommunionkinder sind alt genug, uns heute die Predigt zu halten. In einem Puzzle deuten sie uns das Gleichnis des Löwenzahns.

Die Kommunionkinder bringen dabei jeweils einen Teil des Puzzles, das vor dem Altar entsteht. Nach dem gesprochenen Text fügen sie ihren Teil ein.

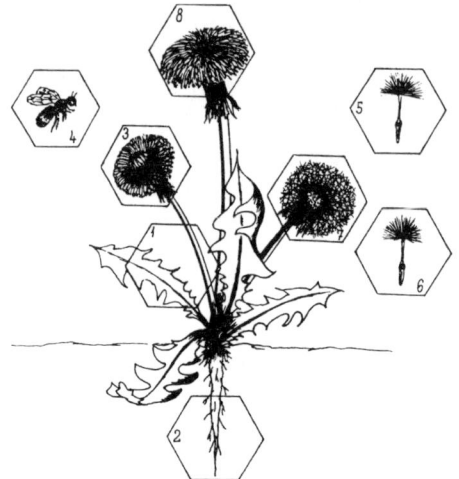

(Die Höhe der Tafel schließt ungefähr mit der Altarhöhe ab. 9. und 10. Kind legen Bibel und Hostienschale über die Blüte = Puzzle 8 auf den Altar.)

1. Kind: *(mit einem Stück von Blatt und Stengel)*
Der Löwenzahn blüht unübersehbar und sehr zahlreich. Trotzdem bleibt kaum jemand bei ihm stehen. Es denkt auch niemand daran, ihn zu veredeln. –
Unscheinbar wirkt auch das kleine weiße Brot heute auf dem goldenen Teller. Viele drehen sich gar nicht um nach diesem Wunder. *(Puzzleteil an die vorgesehene Stelle legen)*

2. Kind: *(mit einem Stück der Wurzel)*
Der Löwenzahn ist wegen seiner tiefen, zähen Wurzeln im Erdreich ein Symbol für den Widerstand. Meint jemand, der Löwenzahn sei verblüht und am Ende, schickt er aus seiner Pusteblume viele Samen aus. Und die sind nicht mehr einzufangen. –
Herr, verbunden mit dir im Wort und im Brot müssten auch wir unschlagbar sein.
(legt sein Puzzleteil an die vorgesehene Stelle)

3. Kind: *(mit einer Blüte)*
Wie jede Blume ist der Löwenzahn gastfreundlich: An seinem Nektar laben sich alle, die heranfliegen. Und seine gezackten Blätter sind für manche Tiere würzige Nahrung. –
Auch Jesus bietet sich an – in seinem lebendigen Brot stillt er unseren inneren Hunger; er ist Nahrung für alle, die ihn kosten möchten.
(legt sein Puzzleteil an die vorgesehene Stelle)

4. Kind: *(mit dem Puzzleteil, auf dem eine Biene heranfliegt)*
Der Löwenzahn braucht die Biene, die ihn bestäuben muss, damit er Frucht tragen kann. –
So hatten wir Kommunionkinder auch andere nötig, die uns mit ihrem Glauben befruchtet haben: Wir danken dafür beson-

ders den Eltern, den Patinnen und Paten, den Tischmüttern und -vätern/Gruppenleiterinnen und Gruppenleitern, unserem Diakon/Kaplan und dem Pfarrer.
(legt das Puzzleteil an die vorgesehene Stelle)

5. Kind: *(mit einem Samen-„Fallschirm")*
Die winzigen Samenkörner der Pusteblume trägt der Wind an kleinen Fallschirmen weit ins Land hinaus. –
Der Wind ist Symbol für die Geistkraft Gottes, die an Pfingsten den Jüngern den nötigen Rückenwind gab. So kam die Gute Nachricht bis zu uns. Heute braucht Jesus auch unsere Zunge, auch unsere Hände und Füße, um seine Botschaft weiterzutragen. Wie damals die Jünger, möchte er uns heute anhauchen.
(legt das Puzzleteil an die vorgesehene Stelle)

6. Kind: *(wieder mit einem „Fallschirm")*
Wenn das Samenkorn irgendwo landet, bohrt es schnell Wurzeln ins Erdreich. An dieser Stelle wächst eine neue Pflanze. –
So möchte auch Jesus, dass wir uns als Missionare sehen, da, wo wir stehen. Jede Person, jede Familie, kann zur „Hauskirche" werden.
(legt das Puzzleteil an die vorgesehene Stelle)

7. Kind: *(mit einer Pusteblume)*
Alles, was blüht, verwelkt auch. Menschen sind manchmal traurig, wenn das pralle Gelb des Lebens schwindet. –
Danke, Herr, dass es dann noch die Pusteblume gibt! Kinder lieben sie mit ihren weißen Schirmchen mehr als die Blüte – wie die Großeltern mit weißem Haar.
Jesus bleibt uns immer nahe: heute, morgen und in Ewigkeit!
(legt das Puzzleteil an die vorgesehene Stelle)

8. Kind: *(bringt die Blüte)*
Der Löwenzahn öffnet der Sonne seine goldgelbe Blüte. Die Blüte wird selbst zur kleinen Sonne, die weithin leuchtet. –
Heute dürfen auch wir die besonderen „Strahlen von oben" empfangen. Jesus, die „Sonne der Gerechtigkeit", will uns erfüllen.
(legt das Puzzleteil an die vorgesehene Stelle)

9. Kind *(mit einer Bibel)* und
10. Kind *(mit einer Hostienschale) kommen gleichzeitig.*
9. Kind: Hier habe ich „Strahlen von oben": das Buch der Bücher, die Bibel. Darin wird berichtet, was Jesus, Gottes Sohn, uns über sei-

nen Vater erzählt hat. Jesus kam in die Welt, um uns zu sagen: Gott liebt uns.

10. Kind: Kurz bevor Jesus zu seinem Vater zurückkehrte, trug er uns auf, immer wieder dieses Mahl zu feiern. Dieses Brot hier, das gleich verwandelt wird, will uns mit seiner ganzen Kraft erfüllen. Heute und alle Tage unseres Lebens. Darum stelle ich voller Dank die Schale mit dem Brot über die Blüte.

9. Kind: Und ich lege voller Dank die Bibel daneben.

(Beide legen das Genannte über die Blüte auf den Altar.)

Kurze Ansprache,

in der die Bedeutung derer hervorgehoben wird, die „bestäuben". Außerdem an die missionarische Aufgabe der Weitergabe der Samenkörner erinnern (siehe Dankmesse) und den Dank an die „Strahlen von oben" nicht vergessen. – (Aber bitte das Sprechspiel jetzt nicht zerreden!)

Meditationsmusik

Fürbitten (Festmesse)

L.: Mächtiger Gott. Wir danken dir für unsere schöne Erde, in der so viele kleine Wunder am Wege auf dich hinweisen. Wir rufen zu dir:

Mutter: Wir danken dir für das große Geschenk, uns Kinder anzuvertrauen. Hilf uns, zu Hause eine Atmosphäre der Geborgenheit entstehen zu lassen, in der sie gesunde, kräftige Wurzeln bilden können. – *Liedruf*

1. Kind: Wir danken allen für die schöne Vorbereitungszeit! Lass die Eltern, Geschwister und Paten uns helfen, dass wir nach dem schönen Fest nicht gleich wieder aus der kirchlichen Gemeinschaft herausgerissen werden. – *Liedruf*

Vater: Wir alle brauchen Menschen und Gemeinschaften, die uns tragen. Hilf uns, es immer wieder neu miteinander zu versuchen, wenn wir uns entfremden. Schenke uns besonders Augen für alle, die krank sind oder alt, alleine und benachteiligt. – *Liedruf*

2. Kind: Wir alle brauchen Kraft aus der Höhe. Lass uns die Sympathie weitergeben, die wir von Gott und den Menschen erfahren, damit die Traurigen wieder lachen können. – *Liedruf*

Tisch- mutter oder -vater:	Wir durften als Tischmütter und -väter diese Kinder ein hal- bes Jahr begleiten. Das hat Zeit und Mühe gekostet, aber wir wurden dadurch auch beschenkt. Wir bitten dich auch im Namen derer, die vor 25, 50 und 60 Jahren zur ersten heiligen Kommunion gingen: Hilf uns, in der Kirche eine gute Gemeinschaft zu werden, die einander ver- steht und trägt. – *Liedruf*
L.:	Denn dann erfüllen wir den Auftrag deines Sohnes, der mit dir lebt und herrscht in alle Ewigkeit. Amen.

Gabengebet

Heiliger Gott. Wir schenken dir die Gaben von Brot und Wein zurück.
Erfülle sie mit deiner Kraft aus der Höhe, damit sie uns helfen, dich und
die Mitmenschen zu lieben. Darum bitten wir durch Christus, unseren
Herrn.

Präfation

Ja, wir danken dir, Vater im Himmel, für die Sonnenstrahlen deines Sohnes Jesus Christus. Sein Licht heilt die Wunden der ganzen Schöpfung,
erfüllt uns mit Freude bis in die Seele hinein und lässt uns auch noch
hoffen in der Dunkelheit des Todes. Denn du hast ihn zu neuem Leben
erweckt und hältst auch für uns deine Türen offen. Darum singen wir
dir zur Ehre mit allen Engeln und Heiligen:

Sanctus

Vom Aufgang der Sonne (Kanon): „Troubadour" 136 (alt 76)

Hinführung zum Friedensgruß

Manchmal werden aus den Löwenzahnblüten Kränzchen geflochten als
Kopfschmuck für die Kinder. Wie in solch einem Kranz die Blumen verbunden sind, so verbinden wir uns jetzt mit unseren Händen untereinander zu einer Menschenkette. Sie will Gemeinschaft und Frieden andeuten.
Der Friede des Herrn sei allezeit mit euch!

Meditation nach der Kommunion (Festmesse)

1. Kind:	Jesus, du bist unser Heilkraut. Du bist das Kraut gegen den Tod. Wir danken dir für deine Liebe.
2. Kind:	Du heilst uns mit dem Wort Gottes und im lebendigen Brot. Wir danken dir für die Strahlen von oben.

1. Kind: Durch deine Kraft aus der Höhe
kann alles wachsen, blühen und reifen.
Dein Wind kann unsere Pusteblumenkräfte fortwehen.

2. Kind: Damit auch andere von dir erfahren
und dich lieben lernen!
Wir danken dir, dem Freund des Lebens.
Wir möchten immer in diesem Licht leben.

Schlussgebet

Guter Gott. Keinen Tag soll es geben, an dem wir sagen müssen:
Wir spüren nicht mehr deine Sonnenstrahlen.
Keinen Tag soll es geben, an dem wir sagen müssen:
Wir fühlen uns entwurzelt und heimatlos.
Keinen Tag soll es geben, an dem wir sagen müssen:
Niemand ist da, der uns Hoffnung und Liebe schenkt.
So bleibe bei uns, Herr, alle Tage unseres Lebens
durch Christus, unseren Herrn.

BAUSTEINE FÜR DIE DANKANDACHT

Andachtsteil

Psalm: Der Herr ist mein Licht und mein Heil: GL 719
oder: Eucharistie, Zeichen der kommenden Welt (hier die Verwandlungs-
kraft): GL 779,6

Bedeutung der Patenschaft

Siehe dazu Seite 129f in diesem Buch.

Sprechspiel mit Zeichnungen

*(Die Kinder zeigen nacheinander ihr gemaltes Bild nach allen Seiten. Je-
des Kind spricht seinen Text, den es von der Rückseite des hochgehobenen
Bildes abliest, und stellt sich dann mit seinem Bild gut sichtbar zum
Halbkreis auf.)*

L.: Wir sehen und hören, was die Kinder und die Familien noch
alles zum Symbol des Löwenzahns zusammengetragen haben.

1. Kind: *(zeigt sein Bild: die pralle Blüte des Löwenzahns und eine Pusteblume)*
Heute morgen haben wir vom Wunder der Verwandlung gehört: Wenn alle meinen, der Löwenzahn sei verwelkt und am
Ende, verwandelt er sich als Pusteblume zu neuem Leben. – Es

kommt immer noch etwas danach, wenn wir uns dafür offen halten.

2. Kind: *(zeigt sein Bild: ein Kind, ein Erwachsener im besten Alter und ein älterer Mensch mit weißem Haar)*
Alle sieben Jahre erneuert sich unser Körper. Wer wie der Löwenzahn „sein Welken" annimmt, den kann jede Stufe des Lebens neu erfüllen. –
Es kommt immer noch etwas danach, wenn wir uns dafür offen halten.

3. Kind: *(zeigt sein Bild: Raupe – Puppe – Schmetterling)*
Dieses Wunder der Verwandlung entdecken wir überall auf der Welt. – Auch wenn viele Raupen nicht an einen Schmetterling glauben:
Es kommt immer noch etwas danach, wenn wir uns dafür offen halten.

4. Kind: *(zeigt sein Bild: ein großes Weizenkorn keimt und sprosst – daneben eine pralle Ähre)*
Auch ein Samenkorn muss bereit sein, sich in die Erde legen zu lassen. Wenn es sich verwandelt, bringt es reiche Frucht. –
Es kommt immer noch etwas danach, wenn wir uns dafür offen halten.

5. Kind: *(zeigt sein Bild: Körner, die unter Mühlsteinen zu Mehl gemahlen werden)*
Die Körner müssen bereit sein, sich von der Mühle zerquetschen zu lassen. Damit sie zu Mehl gemahlen werden. Eigentlich kein Sterben, sondern eine neue Verwandlung. –
Es kommt immer noch etwas danach, wenn wir uns dafür offen halten.

6. Kind: *(zeigt sein Bild: Brotteig, der in die Hitze eines Ofens geschoben wird)*
In der Hitze des Ofens verwandelt sich das Mehl langsam in ein knuspriges Brot. –
Es kommt immer noch etwas danach, wenn wir uns dafür offen halten.

7. Kind: *(zeigt sein Bild: eine schöne Weintraube und eine Flasche Wein)*
Auch die Traube muss sich zerquetschen lassen, damit sie aufersteht im Wein. Wieder das Wunder einer Verwandlung. –
Es kommt immer noch etwas danach, wenn wir uns dafür offen halten.

8. Kind: *(zeigt sein Bild: ein menschlicher Körper, um den verschiedene Nahrungsmittel angeordnet sind – am besten als Collage)*
Wir Menschen essen die verschiedensten Nahrungsmittel. Und alle verwandelt unser Körper in Fleisch und Blut. – Es kommt immer noch etwas danach, wenn wir uns dafür offen halten.

9. Kind: *(zeigt sein Bild: der auferstandene Christus steht verklärt [= goldgelbe Strahlen umgeben ihn] neben dem Eingang zum Grab)*
Auch Jesus war bereit, sich wie ein Weizenkorn in die Erde legen zu lassen. So brachte er uns die Frucht der Auferstehung. – Es kommt immer noch etwas danach, wenn wir uns dafür offen halten.

10. Kind: *(zeigt sein Bild: eine weiße Hostie auf goldenem Teller und einen Kelch auf dem Altar [= Brot und Wein])*
Auf dem Altar werden Brot und Wein noch einmal verwandelt in den Leib und das Blut Jesu Christi. Wer diese Geschenke „von oben" isst und trinkt, erhält den Samen zum ewigen Leben. –
Es kommt immer noch etwas danach, wenn wir uns dafür offen halten.

11. Kind: *(zeigt sein Bild: Ein Riesen-Samenkorn der Pusteblume am „Fallschirm" oder einige „Fallschirme" – bereit zum Abflug – auf dem Fruchtstand der Pusteblume)*
Der Wind Gottes trägt den Samen am Fallschirm weit in die Welt hinaus. Sagen auch wir es aller Welt als frohe Botschaft: Es kommt immer noch etwas danach, wenn wir uns dafür offen halten.

BAUSTEINE FÜR DIE DANKMESSE

Tagesgebet
Herr, unser Gott. Gestern haben wir oft danke gesagt: den Gästen, für die Geschenke und den Eltern für dieses schöne Fest. Heute danken wir besonders dir, Jesus Christus, Geschenk Gottes. Wir bitten dich: Lass über dieses Fest unsere Wurzeln des Glaubens noch tiefer in dir verankert sein – durch Christus, unseren Herrn.

Kurzgeschichte (Dankmesse)

L.: Wir alle haben Wünsche und Erwartungen ans Leben. Manchmal träumen wir auch davon. Wir hören von so einem Tagtraum.

1. Kind: Ein junger Mann betrat einen Laden.
Einen himmlischen Laden.
Hinter der Theke stand ein Engel.

2. Kind: Hastig fragte der junge Mann:
„Was verkaufen Sie, mein Herr?
Ich habe zwar so vieles,
doch meine Seele macht das alles nicht glücklich."

3. Kind: Der Engel antwortete freundlich:
„Ich verkaufe alles, was noch *mehr* schenken kann.
Darin biete ich eine große Auswahl!"

4. Kind: Da begann der junge Mann aufzuzählen:
„Oh, ich wünsche mir eine tolle Gemeinschaft,
in der ich mich so richtig wohlfühlen kann,
Super-Erlebnisse, echte Kameradschaft
und spannende Spiele miteinander!"

1. Kind: Der junge Mann holte tief Luft und sprudelte dann weiter:
„Ich hätte auch gern das Ende aller Kriege in der Welt!
Und dass es viel weniger Arbeitslose gibt!
Dass wir zu Hause toll miteinander auskommen!
Dass die Kirche manchmal nicht so langweilig ist!
Und ... und ..."

2. Kind: Da fällt ihm der Engel ins Wort.
Er sagt freundlich, aber bestimmt:

3. Kind: „Entschuldigen Sie bitte, junger Mann!
Sie haben mich falsch verstanden!
Ich verkaufe hier keine Früchte.
Ich verkaufe nur den Samen dazu!"

4. Kind: Und der junge Mann wiederholt überrascht:
„Keine Früchte, nur den Samen!
Ich verkaufe nur den Samen dazu!"

L.: Darum möchten wir Ihnen jetzt Löwenzahn-Samen schenken.
Als Erinnerung an diesen Tag und diese Geschichte. Samen
zum Aussäen – auf der Fensterbank oder draußen an einem
öden Ort.

Aktion

Jetzt werden die Postkarten, die eine Pusteblume zeigen, ausgeteilt: Siehe unter „Vorbereitungen" 4. Auf der Rückseite ist ein kleines Tütchen mit etwas Löwenzahn-Samen aufgeklebt. Der Text könnte folgendermaßen lauten:

Zur Erinnerung an den Tag der Erstkommunion unter dem Symbol „Löwenzahn" schenken wir etwas Samen zum Aussäen. Wie sagte der Engel im „himmlischen Laden"?:
„Du darfst dir alles wünschen, aber ich verkaufe nur den Samen dazu!"
Säen, Begießen und Pflegen ist Aufgabe des Menschen. Gott schenkt das Wachstum hinzu. Er lässt die Früchte heranreifen. Nur so werden Träume Wirklichkeit.

Deine Pfarrgemeinde N.N.

N.B. Wir haben für diese Aktion die Dankmesse gewählt, weil dann nicht so viele Karten gekauft und vorbereitet werden müssen.

Meditationsmusik
während des Austeilens.

Lied
Kleines Senfkorn Hoffnung: „Troubadour" 707 (alt 104)

Evangelium nach Matthäus
Einmal erzählte Jesus folgendes Gleichnis: Mit dem Himmelreich ist es wie mit einem Senfkorn, das ein Mann auf seinen Acker säte. Es ist das kleinste von allen Samenkörnern. Sobald es aber hochgewachsen ist, ist es größer als die anderen Gewächse und wird zu einem Baum, so dass die Vögel des Himmels kommen und in seinen Zweigen nisten (Mt 13, 31.32).

Alternativen
1. Mk 4,1–9: Gleichnis vom Sämann (auch mit mehreren Sprechern denkbar).
2. Mt 14,13–21: Die wunderbare Brotvermehrung unter dem Aspekt: Im *Wort* Gottes ist die wunderbare Brotvermehrung möglich; denn es kann wie die Samenkörner der Pusteblume in alle Welt hinausfliegen und *alle* satt machen, die hungern und dürsten.
3. Wenn Sie die Dankmesse unter das Thema setzen möchten: „Geht, ihr seid gesandt" – mit Blick auf die Fallschirme mit den Samenkörnern, eignet sich die Stelle Mt 18,16–20: Geht hinaus in alle Welt.

Kurze Predigt

Die Konsequenz der gehörten Geschichte aufzeigen: Das Entscheidende, das Wachstum, gibt Gott; genauso entscheidend ist aber unser Säen, Begießen, Pflegen und das Einbringen der richtigen „Temperatur", in der alles wachsen kann.

Fürbitten (Dankmesse)

L.: Wir rufen zu dem, der unser mächtiger Fürsprecher ist am Throne Gottes: Herr Jesus Christus, wir bitten dich:

1. Kind: Hilf uns, die Wunder am Wege zu sehen – das Kleine und Leise als wertvoll zu beschützen. – *Liedruf*

2. Kind: Schenke allen Geduld und Ausdauer, das Pflänzchen des Glaubens zu hegen und zu pflegen. Und lass uns dabei helfen! – *Liedruf*

3. Kind: Lass uns für eine „Temperatur" sorgen, in der das Gute und Schöne wachsen kann: Erfülle unsere Umgebung mit Liebe! – *Liedruf*

4. Kind: Richte wieder auf, was zertreten am Boden liegt – oder zu wenig Sonne und Wasser der Zuneigung erfährt. Und lass uns dabei helfen! – *Liedruf*

L.: Ja, Herr, dann loben und ehren wir letztlich dich, dem wir in der Schöpfung als Schöpfer begegnen dürfen. Darum bitten wir durch Christus, unseren Herrn.

Gabenlied

Brot, das die Hoffnung nährt: „Troubadour" 194 (alt 147)
oder: Wenn das Brot, das wir teilen: „Troubadour" 193 (alt 140)

Nach der Wandlung (Dankmesse)

1. Kind: Herr Jesus Christus. Was wir vor dem Altar über der Blüte des Löwenzahns sehen, ist jetzt Wirklichkeit geworden: Du schenkst uns Kraft „von oben" im Wort Gottes und jetzt in den Gestalten von Brot und Wein.

2. Kind: Wir danken dir dafür: Du bist so für uns eine Sonne geworden, die uns wärmt und stärkt auf unserem Weg. Denn du leuchtest auch in die dunkelsten Schluchten.

3. Kind: Deine Sonne kann auch die Nebel unserer Angst und Zweifel vertreiben. Sie leuchtet auch durch die Wolken von Krankheit und Unglück.

1. Kind: So bitten wir dich für alle, die unterwegs sind – in deiner Kirche oder außerhalb. Hilf allen, die traurig und mutlos am Wegrand sitzen.

2. Kind: Lass deine Sonne scheinen bis in den Abgrund des Todes. Schenke dein ewiges Licht allen Verstorbenen.

3. Kind: Lass den Tag kommen, an dem wir immer bei dir bleiben dürfen. Der Tag, an dem wir mit allen Völkern, Engeln und Heiligen dich loben und ehren.

Nach der Kommunion (Dankmesse)

(Jede Zeile vorsprechen und von den Kommunionkindern wiederholen lassen)

Jesus, wir danken dir:
Für deine Worte wie Sonnenstrahlen,
für dein lebendiges Brot vom Himmel.
Beides stärkt uns für das Gute.
Jesus, wir schenken dir:
unser Herz und unser Denken,
unsere Hände und Füße.
Wehe unsere Pusteblumenkräfte hin zu anderen!
Jesus, wir bitten dich:
Bleibe die Sonne über unserer Welt!
Nimm alle Menschen an die Hand,
bis du wiederkommst in Herrlichkeit.

Schlussgebet

Ja, Herr, geh mit uns in guten und bösen Tagen – bis wir einmal in dein ewiges Licht eintauchen dürfen. Darum bitten wir durch Jesus Christus, der mit dir lebt und liebt in alle Ewigkeit.

Weitere Erstkommunionfeiern unter *einem* Symbol für Festmesse, Andacht und Dankmesse werden in meinen nachstehend genannten Büchern entfaltet:

1) „Zwölf Erstkommunionfeiern mit Symbolen"; hier mit folgenden: Brot, Weinstock-Reben, Fisch, Wasser, Herz, Wagenrad, Raupe-Schmetterling, Regenbogen, Lebensbaum, Seerose, Biene und Schiff. Zunächst im Bergmoser + Höller Verlag, Aachen, jetzt in aktualisierter Neuausgabe im Matthias-Grünewald-Verlag, Mainz, erschienen. –

2) In dem Nachfolgeband „Zehn weitere Erstkommunionfeiern" werden die Symbole entfaltet: Hirt und Schafe, Hand, Pilgermuschel, Kerze, Bergsteigerseil, Blume (Sonnenblume), Labyrinth/Weg, Sonne, Rose und Brücke. Im Bergmoser + Höller Verlag, Karl Friedrich-Str. 76, D-52072 Aachen.

3) Zwei vollständige Entwürfe mit den Symbolen Brot und Mobile in „Anschaulich verkündigen. 30 Ideen zur kreativen Gottesdienstgestaltung", Matthias-Grünewald-Verlag, Mainz.

Gerade Jugendliche möchten etwas „zu tun" haben und nicht nur zuhören. Kunstbegabte können aus den „Planken" wahre Kostbarkeiten machen, während andere sich der geistigen Herausforderung einer Meditation stellen. Und wieder andere übernehmen die „Fließbandherstellung" von Stickern mit dem bunt gemalten (?) Symbol.

35. Unterwegs zwischen Zeit und Ewigkeit
(Symbol Floß)

Vorbereiten
Benötigt werden mindestens fünf Planken (= „Baumstämme". Wir sägten Rollen, auf denen Teppichboden transportiert wird, auseinander und verschlossen die Öffnungen) und mindestens fünf Seile.

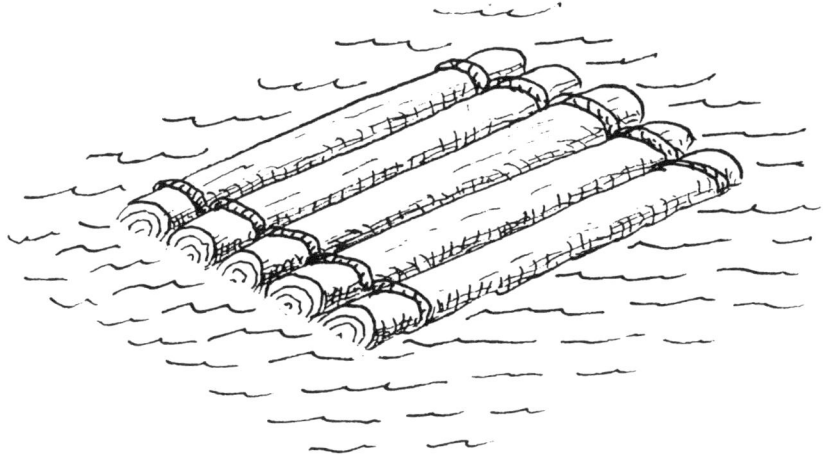

Hinführung
Mit unserer Geburt wurden wir ins Meer der Zeit geworfen. Auch für das Ende des Menschenlebens gibt es in fast allen Völkern die Vorstellung, dass der Verstorbene noch einen großen Strom überqueren muss. Die Römer beispielsweise legten dem Toten eine Münze auf die Zunge, damit er noch das nötige Fahrgeld für den Fährmann habe.

Die Religion hat diese Vorstellungen aufgegriffen: So werden wir Christen zum Beispiel im Bad der Wiedergeburt, in der Taufe, aus dem Wasser gezogen. Es gibt eine Erzählung von Buddha, die soll unseren Gottesdienst heute prägen: Wir brauchen ein Floß, wenigstens eine Planke, um uns im Strom der Zeit an der Oberfläche zu halten.

Kurzgeschichte

1. Spr.: Buddha erzählte: Nehmen wir an, ein Mann käme auf seiner Reise an ein ungeheures Wasser, das diesseitige Ufer voller Gefahren und Schrecken, das jenseitige Ufer sicher, frei von Schrecken. Er möchte gern an das jenseitige Ufer gelangen, aber es ist weder eine Fähre da noch eine Brücke, um hinüberzukommen. Da denkt er bei sich: Wie wäre es, wenn ich nun Röhricht und Stämme, Reisig und Blätter sammelte und mir daraus ein Floß baute, mit dessen Hilfe ich heil zum anderen Ufer übersetzen könnte?

Und der Mann baute sein Floß und gelangte, mit Händen und Füßen rudernd, glücklich ans andere Ufer. Was soll nun mit dem Floß geschehen? Soll er es etwa auf seine Schultern nehmen und mitschleppen? Würde er damit aber dem Floß gerecht werden? Nein, sondern drüben angelangt, würde er sich sagen: Sehr wertvoll ist mir wahrlich dieses Floß, es hat mich gerettet. Wie wäre es, wenn ich es jetzt ans Ufer legte oder in die Flut senkte und dann meiner Wege ginge?

Durch solches Tun wahrlich, würde dieser Mann das Floß richtig behandeln. Ebenso nun auch, ihr Mönche, habe ich meine Lehre als Floß dargestellt: zum Entrinnen tauglich, nicht zum Festhalten.

Gaotama Buddha

Aufbau des Floßes (1. Teil)

1. Das Zusammenlegen vieler Balken. *(Bitte auswählen; fünf genügen)*

2. Spr.: Die Planke der **Religion** genügt, um uns über Wasser zu halten. Wie die Arche in der Sintflut zur Planke wurde, die überleben ließ. Darum legen wir die erste Planke vor den Altar. *(Jugendliche bringen sie und legen sie ab.)*

Sie will sagen: „Denk daran: Du bist von Gott geliebt! Es ist sein Herzensanliegen, dass du auf der anderen Seite ankommst und gerettet bist. Du lebst leichter, wenn du auf ihn vertraust und auf seinen Schutz. Und gib von diesem Vertrauen an andere weiter."

Es hat einmal einer versucht, das „Ora et labora", das „Bete und arbeite", in Deutsch auszudrücken: „Gebét und gébet!" *(Wortspiel von Toni Lenz).*

3. Spr.: Auf einer einzigen Planke lässt sich aber kaum leben. Wir brauchen noch mehr Planken, um Bewegungsfreiheit zu erhalten. Wir fanden das **Selbstwertgefühl** wichtig. Damit bezeichnen wir den zweiten Balken. *(Jugendliche bringen ihn nach vorne und legen ihn neben den ersten.)*
Es ist wichtig, dass wir ein starkes Ich entwickeln. Wir Menschen stellen einen unendlich großen Wert dar.

2. Spr.: Ein weiterer Stamm an unserem Floß kann die **Phantasie** sein. Wir brauchen neue Impulse, neue Lösungen, um in Zukunft zu überleben. *(Jugendliche bringen die dritte Planke):*
Wie kann für alle Arbeit da sein? Wie kann die Alterspyramide getragen werden? Wie können wir für unsere alten Tage vorsorgen?

3. Spr.: Da fiel schon ein Stichwort, dem wir einen eigenen Balken geben möchten: die **Arbeit**. Wir brauchen die Arbeit und den Verdienst, um uns und eine Gemeinschaft materiell abzusichern. Außerdem macht Arbeitslosigkeit krank und untergräbt unser Selbstwertgefühl. *(Jugendliche bringen die vierte Planke.)*

2. Spr.: Um die Lebensqualität für morgen zu sichern, wird die **Achtung der Umwelt** zur Überlebensfrage. Ich kann nicht, um im Bilde zu bleiben, an einem Ende des Floßes sorglos Holz abhacken und verfeuern, weil ich damit meine Grundlage ruiniere. *(Jugendliche bringen die fünfte Planke.)*

3. Spr.: Wichtig für eine sinnvolle Zukunft wäre auch der Wert der **Freiheit**. Der Mensch wird leicht zum Wolf, wenn es ums Überleben geht. Ein Wolf, der andere bedrohen und versklaven will. Die Freiheit des anderen muss unantastbar bleiben, wenn das Leben lebenswert bleiben soll. *(Jugendliche bringen die sechste Planke.)*

2. Spr.: Wir können uns noch viele Stämme vorstellen, die unser Floß haltbar und sicher machen. Wir fügen noch die **Geduld** hinzu, die sich beim Lösen schwieriger Aufgaben bezahlt macht und auch unser Miteinander erträglicher gestaltet.

Lied

2. Mit Tauen die Balken verfestigen *(Bitte auswählen: fünf genügen.)*

L.: Diese Planken, aufs Wasser gelegt, driften schnell auseinander. Es fehlen noch Taue und Stricke, um sie zusammenzubinden. Solche Stricke führen uns zu den geistigen und geistlichen Werten, die uns zusammenhalten. Sie fließen aus dem Geist Gottes, den ihr heute in besonderer Weise empfangt.

4. Spr.: Wir denken dabei an das Tau der *Verlässlichkeit*. Wir brauchen auf dem Floß unseres Lebens und unserer Gesellschaft Menschen, auf die man sich verlassen kann. *(Jugendliche legen ein Seil über die Stämme.)*

5. Spr.: Wir brauchen dabei den Geist der *Wahrheit*. Unehrlichkeit lässt auseinander driften. *(Jugendliche bringen ein zweites Seil.)*

4. Spr.: Benötigt wird auch das Tau des *Fleiß*es: Erfolg fällt nicht vom Himmel. Ohne Leistung ist auch die Schule nicht zu bewältigen. *(Jugendliche bringen ein drittes Seil.)*

5. Spr.: *Ordnung* ist das halbe Leben. Eine gewisse Disziplin führt nicht nur im Sport weiter. Die vielen Geistesgaben müssen durch Taue gebündelt werden. *(Jugendliche bringen ein viertes Seil.)*

4. Spr.: Benötigt wird auch das Tau des *Friedens*. Ständige Zerstrittenheit macht krank. Dem Frieden verwandte Geistesgaben sind Freundlichkeit, Güte, Freude, Liebe. *(Jugendliche bringen ein fünftes Seil.)*

5. Spr.: Ein wichtiges Tau ist auch die *Treue*. Wie leicht driften die Planken einer Familie auseinander, wenn die Treue nicht mehr gelebt wird. Das gilt auch für jede andere Keimzelle unserer Gesellschaft. *(Jugendliche bringen das sechste Seil.)*

4. Spr.: Noch ein letztes Tau ist wichtig. Die *Hoffnung*, alle auftretenden Schwierigkeiten bewältigen zu können. Der Geist der Hoffnung ist nie ganz kleinzukriegen. *(Jugendliche bringen das siebte Seil und beginnen dann, die Seile so zu legen, dass die Planken verfestigt aussehen.)*

Meditationsmusik

Lesungen
Röm 12,9–17.21: In welchem Geist ist ein schönes Miteinander auf dem Floß möglich?
Joh 14,15–21: Einer will auf der Fahrt durchs Meer der Zeit bei uns sein.

Evangelium nach Johannes
Einmal sagte Jesus und er sagt es jetzt zu uns:
Wenn ihr mich liebt, werdet ihr meine Gebote halten. Und ich werde den Vater bitten, und er wird euch einen anderen Beistand geben, der für immer *bei euch* bleiben soll. Es ist der Geist der Wahrheit, den die Welt nicht empfangen kann, weil sie ihn nicht sieht und nicht kennt. Ihr aber kennt ihn, weil er *bei euch* bleibt und *in euch* sein wird. Ich werde euch nicht als Waisen zurücklassen, sondern ich komme wieder *zu euch*. Nur noch kurze Zeit, und die Welt sieht mich nicht mehr; ihr aber seht mich, weil ich lebe und weil auch ihr leben werdet. An jenem Tag werdet ihr erkennen: Ich bin in meinem Vater und *ihr seid in mir, und ich bin in euch*. Wer meine Gebote hat und sie hält, der ist es, der mich liebt; wer mich aber liebt, wird von meinem Vater geliebt werden, und auch ich werde ihn lieben und mich ihm offenbaren (Joh 14,15–21).

Spendung des Firmsakraments

Ansprache
(Da sie in der Regel durch den Bischof erfolgt, hier nur eine Andeutung.)
Antoine de Saint-Exupéry hat einmal gesagt: „Wenn du ein Schiff bauen willst, so trommle nicht Leute zusammen, um Holz zu beschaffen, Werkzeuge vorzubereiten, Aufgaben zu vergeben und die Arbeit einzuteilen, sondern lehre die Leute die Sehnsucht nach dem weiten, endlosen Meer." Mehr als das Materielle, das nicht unwichtig ist, kommt es auf den Geist an, auf das, was motivieren und beflügeln kann. Diesen Geist empfangt ihr heute in besonderer Weise zugesprochen für eure Fahrt auf dem Floß im Strom der Zeit …

Fürbitten *(auswählen)*
(Die Fürbitten werden zunächst von den Jugendlichen gesprochen, dann wird der Zettel aufs Floß gelegt.)
1.: Stärke unseren Glauben, dass dein guter Geist uns jeden einzelnen Menschen geschenkt hat!
2.: Gib uns das Vertrauen, dass du uns keinen Augenblick vergisst!
3.: Gib uns die Kraft, das Kreuz zu tragen, das du uns auferlegst!
4.: Gib uns die Kraft, die Liebe weiterzugeben, die du uns gibst!

5.: Lass uns immer bewusst sein, dass die anderen Menschen unsere Brüder und unsere Schwestern sind!

6.: Gib uns die Kraft, uns den Maßstab für unser Leben nicht von der Angst oder von der Werbung vorschreiben zu lassen, sondern von unserem Vertrauen zu deinem Wort und zu deiner Liebe!

7.: Stärke unseren Glauben, dass wir von dir nie verlassen werden!

8.: Stärke unser Vertrauen, dass wir in dir leben dürfen!

9.: Lass uns deinem Sohn folgen, und hilf uns, wirklich deine Kinder zu sein!

Nach einer Idee von Peter Frowein; Meckenheim; die Fürbitten sind wörtlich übernommen; die Grafik des Floßes stammt ebenfalls von ihm.

Weitere Firmfeiern finden Sie in meinem Buch „40 Festgottesdienste mit Symbolen zur Firmung und Konfirmation", Bergmoser + Höller Verlag, Aachen (2000). Eine Firmfeier im Symbol des brennenden Dornbuschs enthält mein Buch „Anschaulich verkündigen. 30 Ideen zur kreativen Gottesdienstgestaltung", Matthias-Grünewald-Verlag, Mainz.

Schriftstellenregister

Die Verweise beziehen sich auf die Nummer des Vorschlags.
(Die Evangelien aus Nr. 17 sind nicht enthalten.)

Stichwortregister

Die Verweise beziehen sich auf die Nummer des Vorschlags.

Überblick nach dem Kirchenjahr

Die Verweise beziehen sich auf die Nummer des Vorschlags.

Advent 1, 23, 30, 31
Adveniat 28
Weihnachten 1, 2
Jahreswende 15
Familiensonntag 9, 11
Karneval/Fastnacht/
  Fasching 3
Fastenzeit 11, 31
Misereor 28

Passionszeit/Kar-
  freitag 6, 14, 16, 32
Ostern 6, 26
Weißer Sonntag 33, 34
Maria 8, 10
Pfingsten 27
Firmung 35
Zeit/Ewigkeit 15, 35

Sonntage im
Jahreskreis:
  Gott 8, 17, 18
  Christsein 7, 18, 19,
    20, 21, 24, 25
  Hauptgebot 9
  Tod/Allerseelen 14,
    16, 29

Verzeichnis der eingesetzten Zeichen und Symbole

Die Verweise beziehen sich auf die Nummer des Vorschlags.

Ball 4
Baum 11
Becher 4
Brot 5
Chamäleon 24
Distel 14
Esel 2
Europaflagge 8
Faden 30
Fisch 19
Flasche, halbvoll 21
Floß 35
Frosch 12
Fußballschuhe 4
Gehhilfe 5

Herz 31
Hürde 4
Karte 4
Käseglocke 5
Kissen 5
Kreuzwegstation 32
Kruzifix 7
Lebensfaden 30
Löwenzahn 34
Marionette 25
Netz 5, 22
Ochs 2
Perle 16, 33
Pusteblume 15, 34
Regenbogen 13

Rose 5, 6
Salz 20
Schaukel 17
Schienbeinschützer 4
Schuhe 18
Seil 10
Spielerpass 4
Sonne 14, 15
Stern 31
Stroh 1
Trillerpfeife 4
Waage 29
Wegweiser 9

Willi Hoffsümmer:
Mit Symbolen predigen

Anschaulich verkündigen
30 Ideen zur kreativen
Gottesdienstgestaltung
168 S. Kt. ISBN 3-7867-2078-9

Das ganze Spektrum gemeindlicher
Verkündigung für alle, die sich für
eine altersgerechte und alle Sinne
ansprechende Gottesdienstgestaltung interessieren: Gottesdienste
für 3–7-Jährige, Symbolpredigten,
Sprechspiele, Bußfeiern und vieles
mehr.

**9 x 10 Symbolpredigten durch
das Kirchenjahr**
Für Erwachsene, Jugendliche
und Kinder
180 S. Kt. ISBN 3-7867-2153-X

**88 Symbolpredigten durch das
Kirchenjahr**
Für Erwachsene, Jugendliche
und Kinder
168 S. Kt. ISBN 3-7867-1816-4

**122 Symbolpredigten durch das
Kirchenjahr**
Für Erwachsene, Jugendliche
und Kinder
208 S. Kt. ISBN 3-7867-1604-8

Matthias-Grünewald-Verlag · Mainz